赤ちゃんと話そう！

生まれる前からの子育て

胎内記憶からわかった子育ての大切なこと

池川クリニック院長
池川 明

学陽書房

はじめに

産婦人科医として長年、お産に立ち会い、赤ちゃんに向き合ってきたなかで、私は子どもたちが、おなかの中の記憶や、生まれたときの記憶をもっていることに気づくようになりました。

本書の内容は、〇歳から六歳までの子どもたちが通う保育園の園児の両親に対して行われた、子どもたちの語る、おなかの中にいたときの記憶と、生まれたときの記憶についてのアンケートを基に書いています。およそ三五〇〇名の園児たちを対象としたこのような「胎内記憶」と「誕生記憶」のアンケートは、おそらく世界初です。

この世界初のアンケートの結果からは、子どもたちの記憶の世界には、私たちの従来の常識では考えられない豊かな広がりがあることがうかがい知れます。

おなかにいる赤ちゃんや生まれたばかりの赤ちゃんが、すでに感じたり考えたりしているということを知ることは、お産や子育てに私たちがどう向き合うとよいのかをもう一度考え直させてくれます。また、子どもたちの記憶の一つに、赤ちゃん一人ひとりがお母さんお父さんのもとに生まれるときの様子がありますが、これは私たちの常識をすっかり変えてしまうほどのインパクトがあります。

また、今回のアンケートから、赤ちゃんがおなかにいるときからコミュニケーションすることを意識していた場合には、赤ちゃんの記憶はポジティブで、胎児への話しかけがいかに大切であるかもわかりました。

実際に、診察したり、お産に立ち会ったり、その後の赤ちゃんとお母さんの関係をみていると、おなかにいるときから赤ちゃんと絆づくりをしているお母さんたちの子育てはとてもスムーズで、親子関係がいいようなのです。

本書は、子どもたちがこれほど胎内でさまざまなことを感じているからこそ、おなかにいるときから、お母さんもお父さんも赤ちゃんとのいいコミュニケーションをとろうとすることが、よりよいお産や子育て、親子関係づくりにつながることを知っていただきたくて書いたものです。また、妊娠中や出産時につらいことがあったとしても、赤ちゃんが生まれてから、いい絆をつくれることについてもご紹介しました。

子どもたちの記憶から知ることのできる豊かな世界は、現在の科学では説明はできませんし、たぶん素直に受け入れることが難しい人もいるでしょう。しかし、子どもたちの語る世界が本当に「ある」としたら、それを大事にしながら子どもたちに接することが必要ではないかと思うのです。

　子どもたちのメッセージには本当に深い意味があります。本書では、通常、出産・育児に関する本ではタブー視されている流産・死産にも触れました。雲の上に還る赤ちゃんが、それらのことを通して私たちにどのようなメッセージを伝えようとしているのか、などについて言及しています。

　子どもたちの持つイメージを想像しながら、私たちがすでに忘れてしまった豊かな世界を思い出してみませんか。本書を通じて、私たちが生まれてきたことの意味、お子さんの生まれてきたことの素晴らしさを思い出していただくことができたら、これほど嬉しいことはありません。

池川　明

［もくじ］

第2章

「いいお産」って何？…53

第4章 命をありがとう…137

第1章

ママを選んで生まれてきたよ

おなかの中のことを覚えている子どもたち

赤ちゃんが、おなかの中のことを覚えているという話を聞いたことはありますか？ほとんどの大人は、赤ちゃんには何もわかっていないと思い込んでいます。しかし、もし赤ちゃんはおなかの中にいるときから意識があって、自分が置かれている状況をよく理解しているとしたら、どうでしょうか。

私はこれまで、何千人もの子どもたちに、おなかの中にいたときのことを覚えているかどうかについてアンケートしてきました。おそらく産婦人科医による研究としては日本では他にないでしょうし、そこまで大規模の調査は、世界でもほとんどないと思います。

本音を言えば最初は半信半疑だったのですが、調査を進めるにつれて、おなかの中にいたときの記憶や、産まれた瞬間の記憶をもっている子どもたちが決して少なくないことに驚かされました。

そしていままでは、赤ちゃんはかなりいろいろなことがわかっていて、もしかすると

ある意味では大人をしのぐ能力さえ備えているのかもしれない、と考えるようになったのです。
赤ちゃんの世界は、一般に想像されている以上に豊かで大きな広がりをもっています。そして、大人が素直な心で耳を傾けるなら、子どもたちはたくさんのことを伝えてくれるのです。
アンケートに寄せられた子どもたちの記憶は、

◆「暗くて、あたたかかった」（二歳六カ月、男の子）（二歳、男の子）（四歳、男の子）
◆「水の中に浮かんでいた」（三歳、女の子）
◆「ひもでつながれていたの」（二歳、女の子）
◆「頭を下にして、逆立ちしていたよ」（二歳、女の子）

といった、比較的シンプルなものだけではありません。

◆「（ママは）『もう少しそこにいなさい』って言っていた」（二歳、男の子。出産予定日

が近づいたとき、お母さんは何度かそう話しかけていた）

◆「水の中にいて、まわりがピンク色をしていた。まわりに膜があった。あたたかかった。（生まれたときは）ワーッと泣いた。カプセルの中に入っていた」（八歳、男の子。新生児黄疸が強く光線療法をした）

◆「生まれるとき、首が引っ張られて苦しかった」（三歳、女の子。へその緒が首に巻きついていた）

◆「なかなか卵が割れなかったけど、ポンと割れて、出てきた」（二歳七カ月、女の子。破水まで時間がかかった）

◆「そろそろ生まれないとたいへんだ（と思った）。（生まれたときは）めがねをかけたおじちゃん（がいた）。あんま（頭）イタイイタイ。寒かった」（二歳一〇カ月、女の子。予定日を過ぎても生まれず、「これ以上長引くと仕事の休みがとれなくなる」と言ったお父さんと産科医は、出産前夜に口論になった。産科医は本当に眼鏡をかけた男性だった）

◆「先のとがったノコギリで、ジジジーっておなか切ったから出てきたの」（四歳、男の子。帝王切開で、電気メスでの手術）

などの、本人でなければわからない、かなり具体的な状況も含まれているのです。そしてそういった場合、お母さんに話を聞いてみると、実際にその通りのことがあったということが少なくありません。しかも、お母さんが子どもに話していないようなことまで、詳しく覚えている子どももいました。

私は産婦人科医として医学教育を受けてきましたが、赤ちゃんにはおなかの中の記憶があるなどということは、教科書のどこにも書かれていませんでした。しかし、実際のところ、赤ちゃんはきわめて優れた能力に恵まれているようなのです。

おなかの赤ちゃんは感じている

◆「(おなかの中で)手は、グーやパーをしていた。口はあったけど、何も食べなかった。暗くてさみしかった。『ママ』って呼んだけど、いなかった。目は開いていた。かみのけはなかった。座っていた。すごくあたたかかった。耳は聞こえた。ママは『ももジュース』、パパは『ひなちゃん、どこにいるの』って言っていた」

（四歳、女の子。生まれる前まで逆子だった。「ひなちゃん」というのは、おなかの中にいたときの呼び名）

◆「（おなかの中は）寝室の一番暗いあかりよりも暗くて、お母さんの声がいつも聞こえていた。あたたかかった。（生まれたときは）痛かった。ちょっとしんどかった」（二歳一一カ月～三歳三カ月、男の子）

赤ちゃんに子宮の中での記憶（胎内記憶）や生まれるときの記憶（誕生記憶）があるらしいことは、一〇〇年以上前から報告されていました。しかし、科学的な研究がなされてからはまだ日が浅く、一九七〇年、フランスの産科医フレデリック・ルボワイエ博士の著書『暴力なき出産』がおそらく最初です。

その後、さまざまな研究が発表されて、おなかの赤ちゃんはかなり多くのことを把握しているだけでなく、その頃のトラウマが大人になってからの心理的トラブルや慢性疾患に関係するらしいことがわかってきたのです。

さらに、デーヴィッド・チェンバレン博士は、退行催眠によって誕生記憶を調べる研究をおこないました。被験者に退行催眠をかけて覚えていることを語ってもらうとともに、被験者の母親から当時の状況を聞き取り調査して、記憶と事実の照合をおこなったのです。科学的データと共にそれらの結果をまとめた著書『誕生を記憶する子どもたち』（一九八八年）は、世界的に大きな反響を呼びました。

このように調査が進むうち、胎内記憶・誕生記憶のいずれも、視覚、聴覚、味覚、嗅覚、触覚という五感のすべてがそろい、具体的な印象として残っていることがわかってきました。

しかも、それを裏づけるかのように、近年になって、赤ちゃんは実にさまざまなことを感じとっているらしいことが知られるようになってきたのです。たとえば、二〇年前では、生まれたばかりの赤ちゃんの視覚は、光にようやく反応する程度と思われていました。しかし現在、視覚は胎生七〜一〇週から育ち始め、生まれたばかりの赤ちゃんでもものをじっと見たり、追視できると考えられています。

実際、私はあるお父さんが生後間もない赤ちゃんをビデオで撮影しているとき、赤ちゃんがビデオの赤いランプをじっと目で追うところを見て、赤ちゃんは目が見えていることに気がつきました。また、赤ちゃんが生後四日までに一八〇度周囲を目で追っていることを証明した研究もあります。

聴覚に関しては、胎生一週頃に原型ができ始め、二〇週で音楽を聞き分け、二八週で音に合わせて体を動かすことができます。おなかの中は、胃や腸から最大八五デシベル、心臓や血管から五五デシベル（騒々しい工場は九〇デシベル、車内は八〇デシベル）という音が出てかなり騒々しいのですが、人間の聴覚にはあまりうるさい音はずっと聞いていると自然にカットする仕組みがあるため、意識的に音を聞き取ることができるようなのです。

なかでもお母さんの声は骨伝導で空気伝導より聞こえやすいため、おなかの赤ちゃんはよくなじんでいて、二四週で九〇〇グラムで生まれた未熟児が、お母さんの話し声と同じイントネーションで泣いていたという報告もあります。

お父さんの声はお母さんの声に比べてくぐもっていて聞き取りにくいのですが、それでも聞こえないというほどではありません。普通の会話（六〇デシベル）くらいなら、たとえ赤ちゃんはおなかの中で寝ていても、確実に耳に入っているのです。

その他にも、さまざまな実験から、生まれたばかりの赤ちゃんでも何かをつかもうとして腕を伸ばすこと、嫌な匂いには顔を背けること、好きな味や音で乳首の吸い方が早くなることなども、明らかになりました。

胎内記憶・誕生記憶は珍しいことではない

胎内記憶や誕生記憶は、単にちょっとおもしろい現象として片づけることはできません。赤ちゃんに記憶があると認めるなら、私たちは妊娠中の過ごし方やお産の方法を赤ちゃんにとってより快適なものにするために、根本的に考え直さなければならないことになるからです。

一九九九年頃、その事実を知ったとき、産科医の私は正直に言って、

「え？　この子たち、みんな覚えているの？」

と、冷や汗が出る思いをしました。もちろん、私はこれまでずっと誠意をもってお産と向き合ってきました。しかし、ただ母子の安全を第一に考えるあまり、赤ちゃんがさまざまな医療的処置をどのように感じるかについてまで、深く配慮することはなかったのです。

そこで、私は私のクリニックで働く助産師さんたちに「赤ちゃんは生まれたときのことを覚えているという話があるけれど、知っていましたか」と尋ねてみました。

すると、一人が「私の甥には記憶があります。お母さんのおなかの中はとても気持ちよくて、寝てた、と言っています」と打ち明けてくれ、もう一人は「小学生の孫が、生まれたときのことを作文に書いたんですよ」と教えてくれたのです。

その作文の内容は、

ぼくがおかあさんのおなかにいるときに、

ほうちょうがささってきて、

しろいふくをきためがねのひとにあしをつかまれて、

おしりをたたかれました。

おかあさんのふくろからでたとき、

パンとおとがしてこわくてないていると、

こんどはくちにゴムをとおしてきて、

くるしかったのでないてしまいました。

おかあさんはゆめでしょうといっていますが、

ぼくはちがうとおもいます。

というものでした。

実際、その子は逆子だったため帝王切開で生まれました。しかも、その子が言い出すまで、お母さんは、その子がお産のときに足をつかまれたことは知らなかったというのです。

初めて身近に出会った胎内記憶が逆子であり、しかも「くるしくて、いや」という内容であったことは、私にとっては大きなショックでした。医者がよかれと思ってしている処置を、赤ちゃんははっきり苦痛として感じているらしいのです。しかもほとんどの場合、医者は赤ちゃんの気持ちを思いやることさえありません。

そこで私は、クリニックにいらっしゃるお母さんたちに、

「お子さんたちはお母さんのおなかの中にいたときや生まれたときのことを話すことがありますか」

と質問するようにしてみました。すると、かなり多くのお母さんが、「実はちょっと……」とか、「おかしなことですが」などの枕詞をつけながら、打ち明けてくれたのです。

現在は、おなかの赤ちゃんには意識があることをテーマにした本が一般的になり、妊婦さんの七割くらいが胎内記憶の存在を耳にしていますが、当時はそんなテーマが

話題になることさえありませんでしたから、語ってくれたお母さんの大半は半信半疑で、ためらいがちでした。

しかし、そんななかでさえ予想以上に興味深いエピソードが集まったことに後押しされて、私は二〇〇〇年八月から一二月にかけて、私のクリニックや協力してくれる機関にアンケート用紙を配り、調査を試みました。すると、返ってきた七九人分のアンケートのうち、胎内記憶があるという回答はなんと五三パーセント、誕生記憶があるという回答は四一パーセントにも上ったのです。

もっとも、その数字は回収できたアンケートから導き出されたものであり、こういったことに興味がない人はそもそも回答してくれませんから、本当に子どもの半分に胎内記憶があるのか、私はもっと正確な調査の必要性を感じていました。

世界初の大規模アンケート

そのチャンスは、意外な形で訪れました。偶然にもさまざまな人のご紹介があり、二〇〇三年夏と冬に、長野県諏訪市と塩尻市のご協力を得て三六〇一組の親子にアンケート用紙を配り、約四五パーセントの方から回答をいただいたのです。

アンケートの内容は、母子の年齢、子どもの性別、胎内記憶・誕生記憶があるか、その記憶を何歳のときどんな状況で話したか、語らない場合はただ忘れているのかそれとも話すことを拒否しているのか、妊娠中のお母さんの状態、お産は安産だったか難産だったか、分娩の方法、お母さん本人に胎内記憶・誕生記憶はあるか、といったもので、結果としては実にはっきりとしたかたちで胎内記憶と誕生記憶の存在を裏付けるものとなりました。


諏訪市での調査は国際産婦人科学会（二〇〇三年チリ）、塩尻市での調査は赤ちゃん学会（二〇〇四年京都）で発表し、これほどの規模のアンケートは世界初であることから、多くの研究者に興味をもって聞いていただきました。

記憶がある子どもは二歳～三歳が最も多く、最年少は生後一〇カ月の子ども（一人）で、お母さんの問いかけに身振りで答えています。

●表1　胎内記憶・誕生記憶の保有率

	記憶がある	記憶がない	はっきりしない	合計
胎内記憶	534	649	437	1620
	33%	40.1%	27.0%	100%
誕生記憶	335	748	537	1620
	20.7%	46.2%	33.1%	100%

●グラフ1　胎内記憶・誕生記憶について最初に子どもが話し始めた年齢

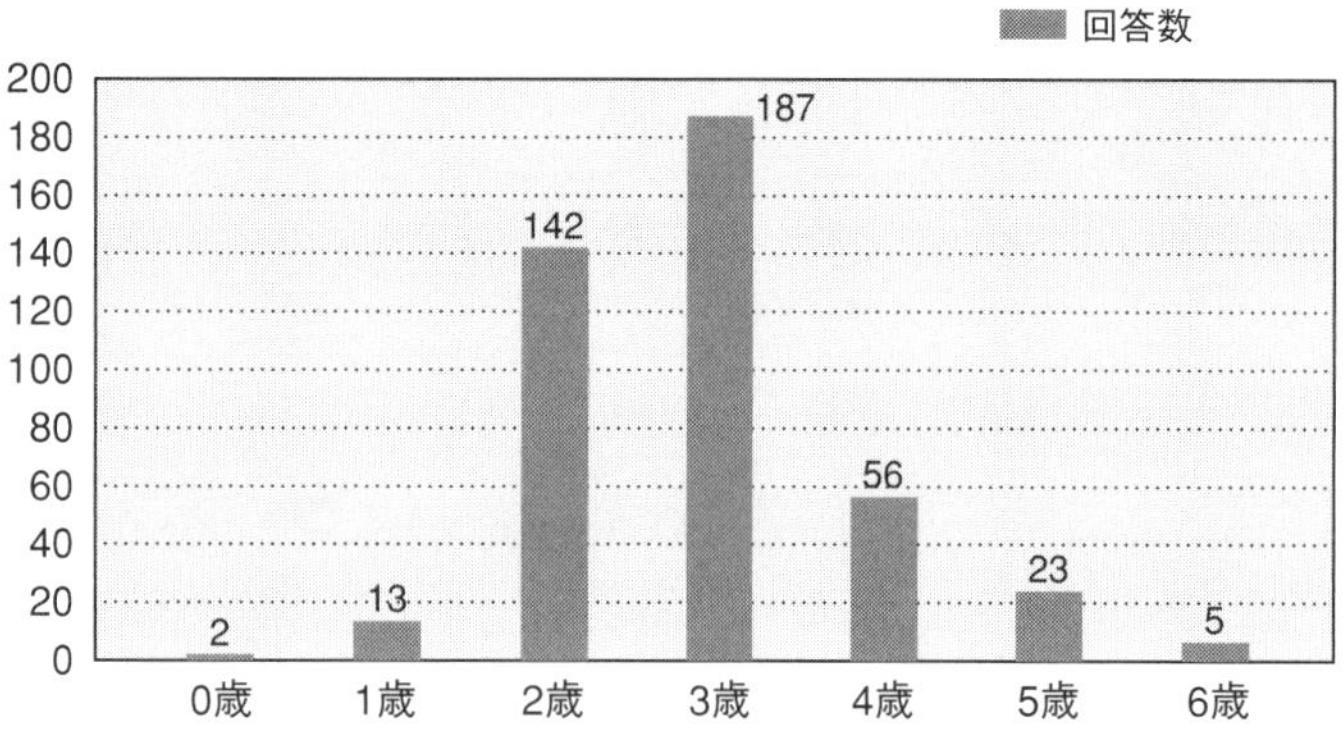

おなかの中の記憶

◆「暗かった」（二歳、女の子）（二歳四カ月、男の子）（二歳四カ月、女の子）（二歳六カ月、女の子）（三歳、女の子）（三歳、男の子）
◆「暗かった。せまかった」（二歳、女の子）（三歳、女の子）（三歳、女の子）
◆「暗いけど、たまに明るくなった」（三歳、女の子）
◆「暗かった。トンネル」（三歳、男の子）
◆「暗くてふわふわしていた。怖くなかった」（三歳二カ月、男の子）
◆「暗かった。苦しかった」（三歳、女の子）
◆「暗くて、せまくて、あったかかった。ときどき、もっとあたたかくなったとき、ぐるぐる動いたよ」（三歳、女の子）
◆「まっ暗だったよ。ごはんがたくさんふってきたよ。おいしかったあ」（三歳九カ月、女の子）
◆「暗くて気持ちよかった。こういうかっこうをしていた」（と、ひざを抱えて丸くなった）（二歳、男の子）

◆「明るかった」（二歳一〇カ月、男の子）

◆「明るくて青っぽい。ママの声が聞こえていた」（二歳、女の子）

◆「赤かった」（二歳、女の子）

◆「おなかの中は、赤くてあったかかったんだよ」（二歳六カ月、男の子）

◆「おなかの中はいい感じで、明るかった」（四歳六カ月、女の子）

◆「あったかかった」（二歳十カ月、男の子）

◆「あったかくて、気持ちいいところだった。ゆらゆらしていた」（三歳、女の子）

◆「水の中で、楽しかった」（三歳、男の子）

◆「苦しかった、水の中で」（三歳、男の子）

◆「泳いでいた」（三歳、女の子）

◆「おふろに入っていた」（二〜三歳、男の子）

◆「おふろみたいだった。なんか光みたいなのがあった」（三歳、男の子）

◆「ぽかぽか浮いていた。白いものが舞っていて、とても気持ちよかった」（五歳、男の子）

◆「イルカと一緒に泳いでいた」（一歳六カ月、女の子）

◆「水の中で泳いでいた」（二〜三歳、男の子）

◆「ずっとこうしてたよ」（と言って、体を丸める仕草をした）（四歳、男の子）

◆「（丸まって）こんなかっこして寝てた」（三歳、女の子）

◆「丸くなっていた。上に光があった。ぐるぐる回っていた。後は寝ていた」（五歳八カ月、女の子）

◆「おなかの中では、すやすや眠っているだけだった」（四歳、女の子）

◆「はいはいしてた。かっこよかった」（二歳、女の子）

◆「むずむずしていた」（二歳、男の子）

◆「おなかの中で、遊んでいた」（五歳、女の子）

◆「足をぴょんぴょんしてた」（五歳、女の子）

◆「せまくて、蹴った」（三歳、女の子）

◆「おなかの中は、暗くてきゅうくつ。ママの話し声がよく聞こえた」（四歳、男の子）

◆「暗くてきゅうくつで、少し苦しかった。ドンとしたので、びっくりした」（三歳、女の子。四週頃、お母さんは運転中に追突された）

◆「おなかの中で、お水を飲んでいた。気持ちわるかった」（四歳、男の子。おなかの中

でどんな姿勢だったかも説明した）

◆「ママのおなかの中で、おっぱい飲んでいた」（二歳、女の子）（三歳、女の子）

◆「ベッドがこわれた」（二歳六カ月、女の子。前置胎盤だった）

◆「おなかの中では、車の音がした。ママが寝ていたときは俺も寝てた。食べるものがなかった。穴がないから見えなかった」（三歳一〇カ月、男の子）

◆「ふわふわして気持ちよかった。ママの声はよく聞こえて、パパの声はボツボツ聞こえた」（三歳、男の子）

◆「バイオリンと英語が聞こえた」（二歳二カ月、女の子。妊娠中、お母さんは毎日英会話のレッスンを受け、お父さんはよくウクレレを弾いていた）

◆「おなかの中はうるさかった。こたつがあったから、出てくるときにママが痛かったんだよ」（四歳、女の子）

◆「早く生まれたいと思っていた」（三歳、女の子。妊娠七カ月からおなかが張り、九カ月に入ってすぐ入院、三七週での安産）

◆「暗かった。歌ったり、音楽を聞いたり、水を飲んでいた。ふわふわしていたけど、せまかった。泳いでいた。そろそろ外に出ようと思って、出てきた」（三歳、

女の子）

生まれるときの記憶

◆「ぐるんって回って、よいしょって出た」（二歳、女の子）

◆「（生まれたときは）まぶしかった」（三歳、女の子）

◆「おなかから出るとき、せまかった」（三歳、男の子）

◆「真っ暗で、せまかった」（三歳、女の子）

◆「暗くて、苦しかった。その後、泣いたんだよね」（三歳、男の子）

◆「苦しかった」（二歳六カ月、男の子。お産のとき、へその緒が巻きついていた）

◆「（「おなかからどうやって出てきたの」と聞かれて）ウーン！　ア！　ウーン！　ア！」（一歳七カ月、男の子）

◆「あったかかった、明るかった」（二歳四カ月、女の子）

◆「パンとなった。光った」（二歳六カ月、女の子。お産は破水から始まった）

◆「まぶしかった」（三歳、女の子）

◆「外に出たらすごく明るかった」（四歳、男の子）
◆「急に明るくなった」（三歳、男の子）
◆「生まれたときは、（外が）見えた。だって頭から出てきたんだもん」（三歳一〇カ月、男の子）
◆「ブルーのトト（青い魚）が見えた」（二歳六カ月、女の子）
◆「（生まれたときの）ママの顔や服を、覚えているよ」（三歳、女の子）
◆「痛くなかったよ」（二歳一〇カ月、男の子）
◆「痛かった」（二〜三歳、男の子）
◆「すっきりした」（三歳、女の子）
◆「ひざが痛くて、顔に血がついていた」（四歳六カ月、女の子）
◆「血がついていた」（五歳、女の子）
◆「誰かに抱っこされて泣いたの」（三歳、女の子）
◆「ちょっと泣いていた」（五歳、女の子）
◆「お医者さんたちがうるさかった」（四歳、女の子）

私は分厚いアンケートの束を一枚一枚めくりながら、深い感慨を覚えました。多くのお母さんたちが、子どもたちの声をていねいに聞き取って書き出してくださったのです。そして、一般に考えられている以上に多くの子どもたちが記憶をもっていることに、あらためて心を動かされたのでした。

子どもの話に耳を澄ませよう

子どもが胎内記憶を話し始めるのは、お風呂やお布団に入っているときなど、リラックスしているときのことが多いようです。

まだしゃべれない子どもでも、お風呂で、

「おなかの中で何をしていたの」

と尋ねると、お湯をばちゃばちゃ跳ね散らかし、羊水の中で遊んでいた様子を教えてくれることもあります。お母さんのおなかの上に乗って丸まるかっこうをしたり、スカートの中に潜り込んだりして、態度で示した子どももいました。

●表2　記憶が「はっきりしない」場合の理由

	子どもが話したがらない	子どもに質問したことがない	子どもの答えが不明確	合計
胎内記憶	249	178	10	437
	15.4%	11.0%	0.6%	27.0%
誕生記憶	272	242	23	537
	16.8%	14.9%	1.4%	33.1%

三人に一人の子どもに記憶があることには驚きましたが、保有率が二つの市でほぼ同じ（諏訪市―胎内記憶三四％、誕生記憶二四％、塩尻市―胎内記憶三一％、誕生記憶一八％）であることから、この数値はおそらくどこの町でアンケートをとってもだいたい一定しているのではないかと思います。

しかも、アンケートでは「記憶がある」「記憶がない」「はっきりしない」の三種に分類しており（表1）、「はっきりしない」ケースには、「（子どもがまだしゃべれないので）子どもの答えが不明確」、「子どもが話したがらない」、「（母親に興味がないので）子どもに質問したことがない」ケースも含まれる（表2）ため、実際の保有率はもっと高い可能性もあります。

では、なぜそれほどありがちな胎内記憶・誕生記憶が、これまで知られてこなかったのでしょうか。

その理由も、この調査から読みとることができます。というのも、胎内記憶があると答えた子どものうち、ほとんどの子どもはお母さんの問いかけに対して話し出しているのであり、自分から話したのはたった一～二％に過ぎないのです（表3）。

調査によると、こういった記憶は六歳を過ぎると急激に消えてしまうようです（グ

●表3　子どもが胎内記憶・誕生記憶を話した状況

	自分から話した	質問されて答えた	合計
胎内記憶	38	496	534
	2.3%	30.5%	33.0%
誕生記憶	22	313	335
	1.4%	19.3%	20.7%

ラフ1）。そのため、あえて大人に話さないうちに自然に忘れてしまう子どももいるでしょうし、自発的に話したところお母さんに「夢でも見たんでしょ」と片づけられて、そのまま記憶に蓋をしてしまうケースも考えられます。

ちなみに、別々の二つの小学校で先生がクラスの生徒に質問したときは、胎内記憶・誕生記憶があると答えた生徒は約一〇％で、私が六校の中学校の講演後にとったアンケートでは、八二七人中、胎内記憶二・四％（二〇人）、誕生記憶二・九％（二四人）でしたから、やはり記憶は年齢とともに失われる傾向にあるようです。

とはいえ、ごくまれではありますが、大人になっても記憶を保っている人もいるようです。実際に、私は大人になってもそういった記憶をもっている人のうち、親にまともに取り合ってもらえなかった経験から、自分はどこかおかしいのではないかと悩んできたというケースも耳にしました。

私は講演会で、しばしば来場者のみなさんに記憶があるかどうかを質問していますが、「ある」と答える人はだいたい一〇〇人中一人くらいなので、大人でも一％くらいの人は覚えているのではないかと思っていました。

そこで、塩尻市の調査では、アンケートに答えてくださった約一六〇〇人のご両親

●表4　親の胎内記憶・誕生記憶の保有率

		記憶がある	記憶がない	合計
母	胎内記憶	5	769	774
		0.6%	99.4%	100%
	誕生記憶	5	768	773
		0.6%	99.4%	100%
父	胎内記憶	3	630	633
		0.5%	99.5%	100%
	誕生記憶	5	625	630
		0.8%	99.2%	100%

本人にも記憶があるかどうかをお尋ねしたのですが、やはり約一%の方が「覚えている」という回答を寄せてくださったのです（表4）。ただし、胎内記憶・誕生記憶の両方があるという人はたった一人で、残りの半々がどちらか一方の記憶があるという答えでした。

いずれにせよ、大切なことは、子どもが自分にとって大切な記憶を語り始めたら、「そんな馬鹿な」と否定せずにきちんと耳を傾けてあげるということです。

「おなかの中で気持ちよかった」というポジティブな記憶も、「つらかった、さみしかった」というネガティブな記憶も、子どもはすべて「そう、あなたはそう感じていたんだね」と丸ごと受けとめてもらいたいのです。

大人にとっては突拍子もない内容でも、子どもは語ることによって何かを表現しようとしているのですし、私たちがそこから学ぶことはたくさんあります。

しかしもちろん、子どもが話したがらないのに無理に聞き出す必要はありません。

ある女の子は三歳くらいの頃、お母さんが、

「おなかの中にいたときのこと、覚えている？」

と聞いたところ、身を縮めて、

「聞かないで！」

と叫んだそうです。ところが、小学生になってからは、

「生まれるときは、頭をゆがめると出てきやすいから細長くしようとしたけれど、なかなか出られなかった」

と淡々と話し始め、特に動揺しているふうでもなかったというのです。

その子の場合は、話したくないという気持ちをお母さんに尊重してもらえたので安心し、生まれたときのトラウマが少しずつ癒されていったのかもしれません。このように、小さいときに話したがらないからといって、いつまでもそれがトラウマとして残るとは限らないようなのです。

赤ちゃんに語りかけよう

◆「『するするぽんって生まれてきてね』って、パパとママがお話ししてるのが聞こえたよ」（三歳、男の子）

◆「お父ちゃん、お母ちゃんの声が聞こえた。まっくらだけどあたたかく、気持ちよかった。で、明るくなった」（一～二歳、女の子）

◆「まっ暗で、だれもいなかった。お父さんとお母さんがワハハって笑っている声が聞こえたよ」（三歳七カ月、男の子）

（過去のアンケートの回答から）

胎内記憶のアンケートからは、一つ重要なことが明らかになっています。

アンケートでは、お母さんが赤ちゃんの誕生を心待ちにしてひんぱんにおなかに話しかけていたケースでは、「あったかかった」「たのしかった」といった、ポジティブな回答が寄せられています。一方、お母さんが妊娠中に赤ちゃんにあまり語りかけなかった場合、「さみしかった」「早く出たかった」のような、ネガティブな回答が多くなっているのです。

胎教の重要性は昔からいわれていて、多くのお母さんたちがおなかの赤ちゃんに自然に語りかけてきましたが、おそらく昔の人々は経験的に、お母さんが妊娠中に赤ちゃんに意識を向けてその誕生を心待ちにすることが、赤ちゃんの心の安定に大きな影響を及ぼすことを知っていたのでしょう。

●表5　母親の胎児への話しかけの有無と、胎内記憶・誕生記憶の保有率

	胎内記憶			誕生記憶		
	記憶がある	記憶がない	答えたがらない	記憶がある	記憶がない	答えたがらない
話しかけていた	290	263	147	184	317	167
	41.4%	37.6%	21.0%	27.5%	47.5%	25.0%
とくに話しかけていない	207	336	63	125	382	65
	34.2%	55.4%	10.4%	21.9%	66.8%	11.4%

解説：胎内記憶・誕生記憶ともに、話しかけの有無で有意差あり

一方、赤ちゃんがおなかの中にいるとき、お母さんや周りの人たちが赤ちゃんを歓迎していないと、その思いも赤ちゃんに伝わってしまうようです。ある方から聞いたのですが、誰に対しても愛想がいい女の子の赤ちゃんが、生まれる前に女の子だとわかったときに「なんだ、女か」と言ったおじいちゃんにだけは笑顔を見せないという話もあります。

また、大人になってから退行催眠をして胎児だったときを思い出すと、お母さんが妊娠を後悔していたり、中絶を考えていた場合、自分が拒絶されたと感じて傷つき、お母さんとのコミュニケーションをいっさい断ったという記憶が甦る人もいます。

このように、赤ちゃんが外の状況をよく理解していて、しばしばよく覚えているということを知ると、私たちは言動に心するようになるはずです。

赤ちゃんは、ただお母さんが自分のことを思っていると知るだけで、嬉しい気持ちになります。「今日はいいお天気ね」「このお茶おいしいわ。あなたも好き？」といった、さりげないことでかまわないので、赤ちゃんにはたくさん語りかけてあげてほしいと思います。

さらに、赤ちゃんとのコミュニケーションでは、お母さんから話しかけるだけでな

く、赤ちゃんが何を思っているのか、感じとろうとすることも大切です。胎教とはこうあるべきという思い込みから離れて、心からリラックスした状態で、赤ちゃんの心をくみ取ろうとしてほしいのです。

「喜んでいるみたい」「眠いのかな」といったように漠然とした印象だったとしても、お母さんの感性はおなかの赤ちゃんとつながっているので、赤ちゃんの気持ちがかなり正確にわかるはずです。

赤ちゃんとコミュニケーションをとるひとつの方法として、胎動を利用する方法があります。赤ちゃんがおなかを蹴るようになったら、「イエス」なら蹴る、「ノー」なら蹴らないというように決めて、直接赤ちゃんに質問をし、答えてもらうのです。

カレンダーを見ながら、「いつ生まれるの？　生まれる日になったらおなかを蹴って教えてね」と尋ね、一日ずつ指さしていくと、蹴って教えてくれる赤ちゃんも珍しくありません。

また、赤ちゃんに意識を向けながら眠ると、赤ちゃんが夢に出てきてメッセージをくれたというお母さんもいます。

もちろん、こういったことには遊び心を発揮して、当たった当たらなかったということにはあまりこだわらず、赤ちゃんとのコミュニケーションの練習として楽しんでいただければと思います。

おなかの赤ちゃんとコミュニケーションがとれるのだということがわかれば、お母さんの気持ちは和らぎます。特に初めてのお産の場合、お母さんは不安に駆られがちですが、自分は一人ではなくて赤ちゃんと一緒に乗り越えていくのだと実感できれば、少しは心強くなるでしょう。

さらに、このように妊娠中から赤ちゃんの思いに気づこうとしていると、実際に生まれた後のコミュニケーションもスムーズになるはずです。

赤ちゃんはお母さんから大きな影響を受けている

◆「おなかの中は、暗くてあったかかった。できれば、ずっといたかった」（二歳、女の子）

◆「おなかの中でいつもおどっていたんだよ。あー、ママのおなかにもどりたいなー」（三歳、男の子。胎動が激しかった）

◆「おなかの中ねー、楽しかった。うれしかった。ときどきうるさかった」（二歳、男の子。お母さんは妊娠中に仕事を辞めて、マタニティライフを満喫した）

◆「ゴーゴーって、いつもうるさかった。いつもだれかとお話ししていた。せまくて動けなかった。ママから出るときは、とても苦しかった」（二歳、男の子。お母さんは出産一〇日前まで美容師として働いていた。お母さんが小柄なためか、赤ちゃんはおなかの中であまり動かなかった）

◆「暗かった。おなかの中で遊んでいた。（居心地は）悪かった。（だから早く出てきたの？）うん、そうだよ。ちゃあちゃん（＝お母さん）のおなか、くさかったよ。なんか変な匂いがした」（二歳一一カ月、男の子。お母さんは妊娠中独特の匂いのする入浴剤を使っていた。誕生後、子どもはそのお風呂に入ると湿疹が出た。前置胎盤のため出血し、三二週で帝王切開）

◆「おなかにいるとき、お母さん、せきばっかりしていて、やばいなと思った。だから、おなかの中で一生懸命そうじしていたの」（五歳、男の子）

（過去のアンケートの回答から）

子どもたちが語る胎内記憶からは、おなかの赤ちゃんはお母さんから大きな影響を受けていることがよくわかります。お母さんが食べているものは同じように味わっていますし、お母さんの感情もストレートに受け取っているのです。

「おなかの中でそうじしていた」と言った男の子によると、そうじとは、お母さんの暗い気持ち、疲れ、そして悪い食べものを、お母さんの体からきれいにすることだそうです。

悪い食べものやタバコがおなかの赤ちゃんにとってよくないことは広く知られていますが、お母さんの暗い気持ちも赤ちゃんに影響を及ぼしているということは、あまり深刻に考えられていません。

しかし胎内記憶によると、お母さんがイライラしたり怒ったりしているのを感じると、赤ちゃんはどうやら自分が原因でお母さんが怒っていると思い込み、強いストレスを受けるようなのです。

大切なのは、妊娠期間中にお母さんが気持ちよく過ごすことであり、本来の胎教とは、つまりそういうことではないかと思います。一般には、胎教というとモーツァルトを聴くのがいいと信じられていますが、必ずしもそうとはかぎらないのではないでしょうか。もしお母さんがクラシック音楽が苦手だとしたら、無理してモーツァルトを聴いてもリラックスできないでしょう。

かえってイライラするくらいなら、演歌が好きなら演歌、ロックが好きならロックを聴くことの方がいいのかもしれません。ただお母さんの楽しい思いを赤ちゃんと共有するようにすればいいのです。

その意味では、自然分娩を望むお母さんが体重制限をすることにも、メリットとデメリットの両面があるといえます。安産のためにはお母さんがあまり太らないことは大切ですが、もし厳しい体重制限で強いストレスがたまるようなら、かえって赤ちゃんの心を暗くしてしまいます。むしろ、なぜお母さんの体重が増えてしまうのか、という観点から心のケアも大切なのだと思います。

お母さんの気持ちは、赤ちゃんに筒抜けです。そしてだからこそ、お母さんが日々の生活を楽しみ、「生きるのってすばらしいことよ」というメッセージを赤ちゃんに伝えることができたなら、それは赤ちゃんへの人生最初のすばらしいプレゼントになるはずです。

ママを選んで生まれてきたよ

ところで、胎内記憶を調べていくと、なかにはかなり不思議な内容も含まれていることがわかります。子どもたちが覚えていると主張する内容には、科学的にはまったく説明がつかないものもたくさん含まれているのです。

その一例が「おなかの中から、お母さんのおへその穴を通して外を見ていた」という内容で、たとえば次のようなものがあります。

◆「おなかの中にいたときね、木とか、ビルとか、電気とかが見えたよ。雲とかオレンジ色で、夕焼けみたいだった。道路もオレンジ色だった」（二歳、男の子。妊娠中、お母さんはよく夕日を浴びながら海沿いの公園を散歩していた）

◆「おなかから見た二月は、二九日まであった。おかしいな」（三歳、男の子。二月のカ

レンダーを見ながら。閏年の生まれで、お母さんは生まれた年のカレンダーはその子に見せたことがなかった）

◆「お母さんとお父さんの結婚式のとき、手をつないでいるのが見えた。拍手がいっぱい聞こえた。おへそから見えるんだ。ありとか見えた。でも、外に出たらもう見えない。おなかの赤ちゃんだけがもっている、特別な力なんだ」（五歳、男の子。結婚式は妊娠七カ月のとき）

◆「ママ、あれおもしろかったね。むかしむかし、じーじとばーばとこわいテレビ見たじゃん。ママのおなかの中にいて聞いてたよ」（四歳、男の子。妊娠中、お母さんはご両親とよく怖いテレビ番組を見ていた）

◆「すべり台やぶらんこをしていたね」（四歳、女の子。妊娠中、お母さんは上の子を連れて毎日公園に行っていた）

（過去のアンケートの回答から）

しかも、子どもたちの不思議な記憶は、それだけにとどまりません。たとえば、生まれてくる前にどこにいたのか、どうして生まれてくることにしたのか、親をどのようにして選んできたかといったストーリーを語り始める子どもまでいるのです。

興味深いことに、生まれる前のイメージとしては、なぜか内容的にだいたいの共通点があるようで、ちょうど臨死体験をした人たちの話ともよく似通っているように感じます。

それは、花畑や魔法の国のようなあたたかく居心地のいい空間で、何人かの大人に見守られながら、自分と同じような子どもたち何人かとのんびり遊んでいるというものです。そして、ある時期がくると子ども自身が「あのママのところに生まれたい」と思って、おなかに入ることを決めるのです。

なかには「まだ行きたくない」と思う子どももいますが、おじいさんのような人に「そろそろ出発しなさい」と言われたりして、最終的には自分の意志でお母さんのおなかに入ったといいます。

生まれると決めてから肉体に入るまでのプロセスは、暗いトンネルを落ちていくようだという子どもが多いようです。

また、そのタイミングはさまざまで、「生まれた後の赤ちゃんを上から見ていて、その後に体の中に入った」という子どももいますが、「お母さんのおなかの中にいるときは、おへそを通して出たり入ったりできるけれど、おなかの中で寝てしまうと出られなくなる」と答えた子どももいました。

◆「まほうつかいに連れられてきたの。きらきらしてあったかい道を歩いて。その道は分かれ道がなくてまっすぐで、ずっと行くと、パパとママのおうちにつくんだ。そのとき、となりの道を歩いている女の子がいて『じゃあね。またね！』って言ったの。眠くなると、まほうつかいがだっこして飛んでくれた。決められた道を決められた赤ちゃんが行くんだよ。ぼく専用の道なんだ」（四歳、男の子）

◆「空の上にはこんな小さい子どもがいっぱいいて、これくらいの大きい人がおせわしてくれてて、小さい子たちは空の上から見てて、あの家にするっておりていくんだ。で、ぼくもおかあさんのいるところに決めたんだ」（三歳、男の子）

◆「ぼくがおとうさんとおかあさんをえらんだ。知らないおじさんと空中に浮いていたら、家の中から笑い声が聞こえてきて、そのおじさんがこの家でいいかと聞いたので、ぼくはいいですってこたえた」（三歳、男の子）

◆「向こうの国には子どもたちがいっぱいいて、上から『あのママがいい』とか『かわいい』『やさしい』とかいって、みんなで見ているんだ」（二歳、男の子）

◆「女優さんになりたかったから、ママを選んだの。ママが一番きれいで、ママなら女優さんにしてくれると思ったの」（五歳、女の子）

◆「ママがこういうところでこんな服を着て、しいたけに手をのばしたときに（おなかの中に）入ったんだよ。ママのおなかに入ったとき、長いひもがあって自分のおなかにくっつけたの。かんたんだよ」（五歳、女の子）　（過去のアンケートの回答から）

こういった内容は、他人なら興味本位で聞き流してしまうにしても、当の子どもとお母さんにとっては深い意味があり、命の喜びや不思議をまざまざと感じさせてくれます。

実際、お子さんに「お母さんを選んで生まれてきたの」と告げられたお母さんの多くが、お子さんをより愛しく思い、一人の人間として尊重するようになって、子育てに前向きに取り組めるようになったと語ってくれました。

また、人間は光の存在であると考える人もいますが、まさに自分はその光だった、と表現する子もいるのです。

◆「ぼくね、光やったよ。光のお友だちがたくさんいた。ひいおじいちゃんとひいおばあちゃんがきてくれて、○○のおうちはあそこじゃけん、って教えてくれた。だからきたんだよ」（四歳、男の子）

胎内記憶を知ると子育てが楽になる

◆「ママが子どものとき、お空からママのこと見ていたんだよ」（四歳、女の子）
◆「お父さんとお母さんに会いたかったから、生まれてきたの」（二歳、女の子）
◆「パパとママを選んだんだよ。ずっと待ってたんだよ」（二歳、男の子。お母さんは結婚してから五年間子どもをつくらなかった）
◆「ぼくね、雲の上にいてね、あーあそこの家がとってもいいな、行きたいなって思ってたんだよ。だからぼく、ここに来たんだよ。来てよかった！」（二歳、男の子）
◆「ぼくは『お母さん大好き』って言うために、生まれてきたんだよ」（五歳、男の子）
◆「かわいがられるために、生まれてきたの。ママは、かわいがってくれると思っ

たから」（四歳、男の子）

（過去のアンケートの回答から）

私が子どもたちには胎内記憶があることを広く知ってほしいと思うようになったのは、妊娠中のお母さんやお父さんにこうした話を伝えると、おなかの赤ちゃんをいっそう大切に思い、お産の前から子どもとの絆を深めてくれることに気づいたからでした。

子育てには大変なことも多いもので、健診をしていると、

「下の子はかわいいんですが、上の子とは相性が悪くて叱ってばかりです」

といった子育ての悩みを打ち明けるお母さんもいらっしゃいます。しかし、そんなとき、お子さんがお母さんを大好きで、あえてお母さんとお父さんを選んで生まれてきてくれたことを思い出すなら、忙しいなかでももう少し子どもとゆったり向き合う気持ちになるのではないかと思います。

そこで私は、必要だと思われる妊婦さんには、なるべく胎内記憶の話を通してそれらのことをお伝えするようにしています。

妊婦さんには、嬉しそうな表情で診察室に入ってくる人と、うつむき加減で沈み込

んでいる人と、極端に分かれます。心理状態はお産に大きな影響を与えるので、なるべく早いうちに調えてもらいたいのですが、落ち込んでいる方はなかなか悩みを打ち明けてくださいません。

そこで、私は話のきっかけがあると、

「不思議な話なんですが、生まれる前のことを覚えているという子どもたちがいるんです。そしてその子たちの話を聞くと、どうやら赤ちゃんは、生まれてくる前にお母さんを選んでくるみたいなんですよ。あなたも、赤ちゃんに選ばれたんですね」

とお話しするのです。

そのようにお伝えすると、お母さんの顔がぱっと明るくなります。この話は、たとえ証拠を示すことはできなくてもお母さんの心を揺り動かすようで、誰もが興味をもって耳を傾けてくれます。そして、おなかの赤ちゃんがもっと愛しくなり、赤ちゃんが生まれたいように産んであげたいと思うようになるのです。

さらに、私は、

「赤ちゃんが自分の意志で生まれてくるのは、その子なりの人生の目的があるからのようですよ」

と続けます。そしてこの話がお母さんの心に残り、赤ちゃんが生まれた後も子ども自身の生きる力を信じて、親の付属物にしないいい子育てをしてくださることを願うのです。

ここで少し、イメージしてみてください。ふわふわの雲の上に、小さな子どもたちが何人かちょこんと並んで、楽しそうに下をのぞいています。一人の子どもが、

「あのお母さん、とてもすてきだね！　ぼくはあのお母さんに決めた！」

ときっぱり言います。そして、雲の上にいる仲間たちに見送られ、はつらつとして光の道を進んでくるのです。

その勇気ある子ども、あなたを誰よりも深く愛している子どもこそが、あなたがいま腕に抱いているお子さんです。人生の冒険には心躍ることもたくさんありますが、ときに試練もあります。それも承知のうえで、お子さんはあなたに会うためにはるばる雲の上からやってきたのです。

子どもはみんな、お母さんに差し出したいプレゼントをたくさんもって、この世とあの世をつなぐ扉を開けてやってきます。そんなプレゼントの一つは、お母さんに対する揺らぐことのない信頼です。

子どもたち、この世へようこそ、そしてありがとう。
あなたはお子さん自らが選びとった、かけがえのない最高のお母さんなのです。

第2章

「いいお産」って何？

お産は、本当は気持ちいい体験

◆「ツルンとかシャーッて出てきた」（一歳六カ月〜二歳、女の子）
◆「ポンと出た。しゃわしゃわした」（二歳、女の子）
◆「すっきりした」（三歳、女の子）

（二〇〇三年大規模アンケートの回答から）

私はもともと産科医として、お母さんがよりよいお産をできるようにと願い、一人ひとりのお母さんたちに接してきました。しかし、赤ちゃんがおなかの中にいるときからさまざまなことを感じ、誕生の瞬間も覚えていることに気づいてから、ただ「体にとって安全なお産」を求めるのではなく、「お母さんと赤ちゃんの心にとっても安全なお産」を目指すべきだと考えるようになりました。

これからお産を迎えるお母さんのすべてが、安産を望んでいるはずです。しかし、「いいお産」とは、いったいどういうお産を指すのでしょうか。

ごく一般的な見地からすると、陣痛が起こってから医学的に正常な範囲の時間内に、

なるべく早く分娩されることが、安産と思われています。あるいは、痛みが少ないお産がいいお産だと考える方もいて、麻酔を使った無痛分娩が雑誌でも紹介されたりしています。

しかし、いいお産とは、「早く生まれて」「痛みが少ないこと」、それだけでしょうか。私の考える「いいお産」とは、おなかの中にいるときから赤ちゃんとお母さんが心を交わし、スムーズな子育てにつながっていくお産です。そして、お母さん自身がそのお産と子育てを通して幸せな人生を見つけていくお産のことだと思うのです。

子育て全体、ひいては人生そのものという大きな視野から見つめないと、お産のあり方は見えてきません。

ある意味で、お産は人生を凝縮した体験です。お産がスムーズにいくかどうかは、陣痛をどう乗り切るかが大きなポイントですが、陣痛はしばしば誤解されているようにつらいだけの体験ではありません。

陣痛の間は、βエンドルフィンという陣痛を打ち消すほどの脳内麻薬が分泌されています。しかも、陣痛はずっと痛みが続いているわけではなく、定期的に中休みが入るので、うまく陣痛の波にのれるお母さんは陣痛の合間にとても心地よくなり、うたた寝してしまうくらいです。

陣痛の苦しみは、合間に心地よさを伴った不思議な体験です。そのため、いい陣痛を体験できたお母さんは「何度でもお産したい」と断言することも決して珍しくありません。

つい先日も、すばらしい安産だったあるお母さんはこう言っていました。

「陣痛の間、体が要求するままに動くのは自由な感じがして、とても気持ちよかったです。それに、陣痛と陣痛の間には、今まで感じたことのない穏やかさを体験して、とてもリラックスできました。ちょうど、気を失ってから回復するような、ふわふわと浮かんでいるような感じで、最高の気分だったんです。

お産の思い出としては、おなかの張りや叫びたい衝動よりも、そんな気持ちよさのほうが圧倒的です」

このお母さんはとても前向きな方で、赤ちゃんの誕生を心待ちにし、赤ちゃんと自分に備わる自然の力に沿ったお産を望んでいました。そんなお母さんの姿勢がいい陣痛につながり、結果的にスムーズなお産につながっていったのだと思います。

これは、ある意味で人生とまったく同じです。人生も常に順調な日々が続くわけではなく、しばしば苦難に襲われるものです。しかしトラブルに遭ったとき、悪いほうばかり見ずに、それを乗り越えた後に新しい自分として生まれ変わることを楽しみに生きられるなら、もっとすばらしい人生が開けるでしょう。

その意味では、陣痛はたった一日の間に、これからの人生にも応用できる多くのことを教えてくれるのです。

私は多くの出産に立ち会うなかで、お母さん自身の世界観がお産を左右する大きな要因になっていることに気づきました。お産を前向きに受けとめている人は、お産がこじれにくいという傾向があるのです。いいお産には、一般に考えられている以上に心理的な要因がとても大きいのです。そしてもちろん、いいお産は結果的にお母さんと赤ちゃんの心にとってもよい影響をもたらし、スムーズな子育てにもつながっていきます。

いいお産を迎えるには、お母さんがリラックスしていることが大切です。そこで私のクリニックでは、母親学級を通して意識の持ち方の大切さをお母さんに知ってもらうことにしました。マタニティヨーガやブリージングなどの具体的なテクニックの練習に加えて、お母さんどうしがお互いに悩みや不安を打ち明け、精神的なストレスを解消できる場を作るようにしたのです。これには、助産師さんをはじめ、サポートしてくださる多くの人たちが加わってくださっています。すると、お産でトラブルが起きるケースは明らかに減ってきました。これらのプログラムに参加した方とそうでない方のお産は、はっきりと違うのです。

究極の安産の秘訣は、もしかしたら「陣痛を楽しみに待つこと」ではないか、と私は考えています。そして、いかにそのように思えるようになる場を医療者が提供できるかが、とても重要なことだと思います。

待つお産

◆「ぼく、まだお母さんのおなかの中にいたかったのに、むりやり外に出された。とても眠かったのに」（二歳、男の子）

◆「まだ眠くて寝ていたかったのに、起こされちゃったよ」（四歳六カ月、女の子）

（二〇〇三年大規模アンケートの回答から）

お産を恐れず前向きな気持ちでいるお母さんは、上手に陣痛の波にのれますから、赤ちゃんはスムーズに外に出やすくなります。すると、陣痛が始まってから赤ちゃんが生まれるまでの時間が短いので、お母さんにかかる負担もぐんと軽く、医学的に見ても安産になるのです。

とはいえ、お産は人生と同じで、すべてを単純に割り切ることはできません。私はいいお産を模索するうちに、お産をもっと広い視野から見つめるなら、時間がかかるお産イコール難産かというと、必ずしもそうとは言い切れないことに気づきました。

典型的だったのが、あるお母さんのケースです。そのお母さんは、分娩のときちょうどゴタゴタに巻き込まれていたせいか、陣痛がなかなか強くなりませんでした。子宮口がほとんど全開しているのに、何日も産まれなかったのです。しかし、お産が始まって五日目、状況が解決してお母さんがホッと安心したとたん、元気な赤ちゃんがスッと生まれました。

平均的には赤ちゃんは子宮口が全開してから二時間くらいで外に出てきますから、五日もかかるというのは、私の経験したなかでも最長のお産でした。

ほとんどの病院は、そんなに待たずに吸引か鉗子で赤ちゃんを外に出してしまいます。しかし、心拍をチェックしても赤ちゃんは元気だったので、私は慎重に様子を見守っていたのです。

とはいえ、無事に生まれてくれたときは胸をなでおろしました。しかも、赤ちゃんは本当にいい表情をしていたのです。私は普通、赤ちゃんの鼻から羊水を吸い出す処置はしませんが、このときは濁った羊水が出てきたため、さすがに吸引しました。それにもかかわらず、赤ちゃんはとても幸せそうな顔をしていたのです。あたかも「お産を見守ってくれてありがとう」と言っているかのようでした。

それはブッダフェイスと呼ぶべき、私がそれまで見たことのない満ち足りた表情でした。その表情を、私は決して忘れることがないでしょう。

赤ちゃんはきっと、赤ちゃん自身に備わる力を尊重したお産で生まれたことに、とても満足してくれたのだと思います。それは分娩時間から考えると難産中の難産でしたが、赤ちゃんの顔から判断するなら、すばらしい安産だったといっていいのではないでしょうか。

お産のプロセスが遅々として進まないとき、待つというのは勇気が必要な選択です。

多くの病院では、早い段階で陣痛促進剤を投与したり、帝王切開、吸引分娩、鉗子分娩などに踏み切りますが、その根本には死産に対する恐怖があります。もっと正確にいうと、万一のことがあったとき訴訟になるのを避けたいのだと思います。そこで、病院側に手落ちがないことを証明するために、いろいろな検査をしたり、早めに医療介入してしまうのです。

しかし、そういったお産のなかには、必ずしも介入を必要としないケースも含まれています。たとえば、逆子の場合、脳性麻痺を避けるため世界中で帝王切開をするようになっていますが、実際は、脳性麻痺の率は減らないことがわかってきています。にもかかわらず、万が一を恐れて、いまでも逆子のお産は帝王切開が主流のままであり、逆子のお産を取り上げられる産科医もどんどん減っているのです。

昔の先生でしたら、逆子でも一定の条件をクリアすれば、ほとんど無事に産まれることを知っています。しかし「ほとんど」ということが許せず、「絶対の安全を保証しろ」という考えの方があまりにも多いのです。このままでは、いずれ逆子の自然出産の技術は失われてしまうでしょう。

本当に必要な医療介入とは何か、自然の営みである出産とは何かということを、私たちは真剣に考えなければならないと思います。

お産の本当の安全とは

先日、知人からこんな話を聞きました。ある青年が大学を卒業した後、ただ社会に出たくないという理由で専門学校に入学し、何事も先延ばしにするような生活を送っていました。そこで、胎内記憶のある知人が、彼に

「人間って、生まれたくて生まれてきたんだと思わない？」

と聞いたところ、彼は

「僕はそうじゃない。実際、僕はおなかの外に出たくなくて、予定日を過ぎてもなかなか生まれなかったんだ。それなのに無理矢理鉗子で引っ張られたから、頭がすごくゆがんじゃったんだ」

と答えたというのです。

その青年が社会に出ることを拒否している背景にはさまざまな要因があるでしょう

が、もしかしたらその一因として、意志に反して急いで生まれさせられたという鬱屈があるのかもしれません。

そんな長期的な可能性を含めて、私たちは赤ちゃんにとって本当に安全なお産とは何かを、考え直す必要があるでしょう。

赤ちゃんは基本的に、自分の力で生まれたいと望んでいます。しかし、それを無視してマニュアル的に介入するのは、お産の質を落とすばかりか、長い目で見ればかえって危険を伴うのです。

たしかに、産道を時間をかけて通るのは赤ちゃんにとって大変なことですが、そのプロセスにはそれなりの意味があります。

赤ちゃんは、胸をゆっくり締めつけながら外に出ることによって、自然に胸が圧迫されて羊水を吐き出します。ところが、そのプロセスを急がせた場合は、羊水を出しきる前に呼吸が始まり、逆に肺に羊水を吸い込んでしまう危険性が高まります。そのため、鼻に溜まっている羊水を吸引機で吸い取る作業が必要になるのです。

また、分娩が長引くと、赤ちゃんには大きなストレスがかかり、身を守るためのストレスホルモンが大量に分泌されて、その一種であるノルアドレナリンによって心拍数は一時的に落ちてしまいます。

病院側は、それを赤ちゃんが苦しがっている証拠と解釈するのですが、実はそのプロセスにも、自然の絶妙な知恵が仕組まれているのです。

というのも、ノルアドレナリンには、赤ちゃんが外に出たときに適応できるように助ける働きがあるからです。ノルアドレナリンは興奮させるホルモンでもあります。そのため、時間をかけて生まれた赤ちゃんは誕生後一～二時間興奮状態を保ち、目をぱっちり開いています。そして、そういった体験が、その子がこれからの人生を歩んでいくための精神的な基礎になるようなのです。

私たちは赤ちゃんの体の安全だけでなく、心の安全にも目を向けなくてはならないと思うのです。

生命の力を信じる

もちろん、私はお産では医療介入をすべきでないといいたいのではありません。

「自力で生まれたいけれど、やっぱりだめ！　助けて！」と訴える赤ちゃんもいますから、自然分娩だけにこだわりをもつのも、また問題です。

しかしだからといって、それはすべての医療介入を正当化するわけではありません。大切なのは、私たちが一人ひとりの赤ちゃんの要求を聞き届けて、手伝うことにあるのです。

私がそう考えるようになるまでは、紆余曲折がありました。

大学病院や総合病院に勤めた後、一九八八年にクリニックを開業した当時、私は産科医の役目とはお母さんに元気な赤ちゃんを産んでもらうことだと思い込んでいました。逆にいえば、お産さえ無事にすめば、産科医の役目は果たしたことになると考えていたのです。

その頃の私は、お産がすむと感動するどころか、重責を果たしたという安堵感しかなく、生まれてきた赤ちゃんの表情をゆっくり眺める余裕もありませんでした。

しかし、皮肉にも、私がお母さんにも赤ちゃんにも絶対に万一のことがあってはならないと力めば力むほどお産のトラブルが続き、立て続けに三人ものお母さんがあやうく命を落としかけたのです。

一人めは、陣痛促進剤を使用したお母さんでした。赤ちゃんがスッと生まれたのでほっとしたのもつかの間、お母さんは子宮破裂を起こしていたのです。お父さんには前もってリスクを説明してはいたのですが、恐れていたとおりの事態が起きてしまいました。

そのお母さんを救急病院に搬送し、一命を取り留めたところで、今度は出産後のお母さんが大出血するというトラブルになりました。そしてさらに、今度は別のお母さんが、同じように弛緩出血を起こし、救急搬送することになったのです。結局全員助かったのですが、私は暗澹たる思いに駆られました。

お産に危険があってはいけないと恐れ、お母さんを助けようとして早めに医療介入したことが、かえって裏目に出たのでしょうか。しかし、そのときの状況では、それが最良の選択だったはずです。私はすっかり落ち込んでしまい、一時はもうお産はやめようかとさえ思ったほどでした。

ところがそんなとき、時期をほぼ同じくして、新しい世界が次つぎに開けてきたのです。その一つが、自然分娩で名高い吉村正先生との出会いでした。

吉村先生は、すぐに医療介入をおこなう現代のお産に疑問を感じ、お産を「ヒトが美しく生まれなおすことのできるスピリッチュアルな宇宙からの贈りもの」ととらえて、命に備わる力を引き出すお産を目指しています。吉村先生が一九九九年、愛知県に設立した「お産の家」は、およそ産院というイメージを覆す伝統的な木造の家で、お母さんたちはお布団の上で産綱につかまりながらお産をするのです。

私は「お産の家」の完成を祝う落成式で初めて吉村先生とお会いし、先生の挨拶を聞いて仰天しました。吉村先生は、

「死んじゃう子はしようがない。それはその子の運命だ」

と言ったのです。

たしかに、穏やかな死の迎え方というものがあることは認めます。しかし、医者の役割は命を救うことなのですから、医者が死産を認めるということは、医者としての義務を放棄することではないか、とそのときの私は憤慨しました。

とはいえ、吉村先生の実践を知るにつれて、私は自分の誤解に気づきました。吉村先生は、手をこまねいてお産を眺めているのではなく、お母さんに充分な栄養や運動を指導して、無事に赤ちゃんが生まれるためにぎりぎりまで最善の努力を尽くしています。そのうえで、分娩の際には何も余計なことをせず、自然にお産を見守りましょ

う、という姿勢を貫いておられます。しかしそれでも、助からない子はいるのです。

吉村先生が伝えたかったのは、「病院へ行けば健康な赤ちゃんが手に入るのがあたりまえと思ってはいけない。本来、お産は死と隣り合わせで、どうしても助けられない子もいる。しかし、そういうことが起きることを覚悟したうえで、お母さんが最善を尽くしてお産までに心身を調え、家族も周りの人たちもお母さんを支えて、過剰な医療介入をしないお産を目指すほうが、結果的には安全なお産ができる」という信念だったのでした。

悲しいことですが、死産は絶対にゼロにすることはできません。お産は、新しい命を迎える喜ばしい出来事であるものの、同時にいつも赤ちゃんやお母さんの死という危険が潜んでいます。そして、その現実を直視したときはじめて、お産の本当の姿が見えてくるのです。

不思議なことに、私がそう覚悟を決めると、お産の異常が減ってきました。激減したといっていいくらいです。以前は、赤ちゃんの心音が下がってくると早めに鉗子や吸引などの処置をしたり、陣痛促進剤を点滴していました。しかし、お産の自然な経過を、極力介入せずに見守るようにしたところ、命にかかわるような異常がぐんと減ってきたのです。

それまでは年間一〇回ほど救急車で総合病院に搬送していたのに、ぴたりと救急車を呼ばなくなりました。それは救急隊の人が驚くほどの変化だったのです。

赤ちゃんに聞く

私は現在、おなかの赤ちゃんが元気な場合は、たとえ三、四日陣痛がこなくても、お母さんの気持ちを前向きに調えつつ、慎重に経過を見守るという方針をとっています。

自力で生まれたがっている子によけいな手出しをすると、生まれた後、赤ちゃんに叱られてしまいます。生まれたばかりの赤ちゃんが、私の顔を見てにらみつけるのです。そこで、どうしても介入が必要なときも、赤ちゃんには、

「これから頭に器械をつけて引っ張るけれど、頑張ってね」

と心の中で語りかけるようにしています。

あるとき、赤ちゃんに話しかけないまま吸引に踏み切ったことがあるのですが、その子は外に出た後明らかに怒りをあらわにして火がついたように泣きだし、お母さんに抱っこされてもなかなか泣きやみませんでした。

そして、はじめて目を開けたとき私と目が合ってしまったのですが、そのときの表情が、まるで、

「何てへたくそなお産をしたんだ。自分で生まれることができたのに、よけいなことをして！」

と、文句を言っているようだったのです。

その反対に、その子のペースをゆっくり待ってあげた場合は、決まって、

「見守ってくれて、ありがとう」

と、すばらしく幸せそうな表情を見せてくれます。

待つか待たないかの判断には、テクニックだけでなく直観に根ざした何かが大切です。私たちは直観の価値を教えられるどころか、まず数値で判断するよう求められ、目に見えないものは信じるなといわれてきました。

しかし、お産はただ赤ちゃんを産むだけのことではなく、お母さんのそれまでの生

き方の総決算であると同時に、その後ずっと続いていく子育ての大切な通過点でもあります。

つまり、お産には過去と未来が凝縮されているのであり、その意味では一回一回のお産がすべて個性的であって、そこには常に数値では測りきれない要因が存在しているのです。

「いいお産」をするには、分娩という出来事のみを切り取って論じても意味はありません。お産を迎える前から赤ちゃんの気持ちをくみ取る直観を磨き、赤ちゃんと気持ちを合わせつつ、生まれたがっている命を生まれたいようにサポートしていくことが、どうしても必要なのです。

親子関係がよくなるカンガルーケア

命が生まれようとする力を信じ、その神秘に気づこうとしていると、赤ちゃんは体は未熟でも、たましいは成熟していることがよくわかります。

そんな赤ちゃんの心を大切にする取り組みの一つに、カンガルーケアがあります。カンガルーケアとは、生まれたばかりの赤ちゃんをお母さんが抱きとって、裸の肌と肌をふれあわせる方法で、私のクリニックでは一九九九年に導入しました。

カンガルーケアは保育器が足りない発展途上国で、未熟児の低体温を解決する方法として考案されたのですが、これをおこなった母子の関係がとてもよくなることがわかったため、現在では満期産の赤ちゃんも含めて広く実践されるようになってきています。

おなかの赤ちゃんはお母さんよりも体温が〇・五度から一度高く、しかも自分で体温調節できるようになるまで一週間かかるため、生まれたばかりの赤ちゃんにとって外気温は寒すぎます。

その点、お母さんと裸のままぴったりくっついていると、赤ちゃんの体温が高くなりすぎると熱はお母さんのほうに逃げ、低体温になるとお母さんから熱をもらえるので、ちょうど最適な状態に保てるのです。

カンガルーケアを知らない病院は、お母さんはお産で疲れているので赤ちゃんを落とす可能性があり危険だといいます。しかし、陣痛というストレスを耐えたお母さん

の体には、それに対抗するためカテコールアミンという物質が出ていて、産後二時間はその影響で一種のハイ状態にあり、頭はすっきり冴えているので、落としたりする危険はまずありません。

それどころか、カンガルーケアは安全性から見てもとても好ましいスタイルなのです。というのも、カンガルーケアを取り入れると、へその緒の拍動が止まって、赤ちゃんがしっかり呼吸を始めたのを確認してから、ゆっくりへその緒を切ることができるからです。

一般的なお産では、赤ちゃんが生まれるとすぐにお母さんから引き離し、お母さんの分娩台よりも下の位置で早目にへその緒を切ります。それは、へその緒を通して血液が赤ちゃんに一気に流れ込み、多血症などの症状が生じやすくなるのを避けるためで、生まれてすぐにへその緒を切る先生もいます

それに対して、カンガルーケアの場合は、赤ちゃんをお母さんの上に抱っこしてもらうので、へその緒をゆっくり切ってもそういった心配はありません。

へその緒をいつ切るかについては、ＷＨＯ（世界保健機関）では、早く切っても遅く切ってもどちらでも安全性に差はない、としています。

とはいえ、へその緒を残しておくと、赤ちゃんは外に出た後もしばらくの間胎盤から酸素を取り込むことができるので、酸欠になる危険が減ります。また、肌と肌がふれあうことで気管支が拡張しやすくなり、呼吸が早期に安定することも期待できます。さらに、赤ちゃんと胎盤をつなぐ血液の流れが突然断ち切られる負担もかかりません。

これは、多くの病院がへその緒を早めに切ることに比べて、優れたメリットだといえるでしょう。

産声は必要ない？

カンガルーケアをすると、赤ちゃんは自分でキックしながらお母さんの胸をはい上がり、おっぱいを探し出して吸いつくと、二時間ほど離さずじっとしています。そしてその間、お母さんは生まれたばかりの我が子を腕に抱き、愛おしいまなざしで見つめるのです。

そんな赤ちゃんは、幸せそうなうっとりした表情をして、ほとんど泣きません。実は、私たちは常識的に赤ちゃんは産声を上げるものと思っていますが、本当に満ちたりて生まれた赤ちゃんは泣く必要がないのです。

産声は、生まれたばかりの赤ちゃんが、準備する間もなく肺に大量の酸素を取り込むことになった驚きと恐怖の声です。

へその緒を切られている場合は、すぐに呼吸を始めないと命にかかわりますから、ともかく泣かせて肺を刺激しなければなりません。そこで、産声が聞こえると「元気な赤ちゃんです、おめでとうございます」ということになるのですが、赤ちゃんにとっては元気で泣いているどころではありません。

これは、きわめて根深い問題です。なぜなら、呼吸というものは自分と外界をつなぐ基本的な手段であると同時に、お母さんから離れる人生初の冒険であるからです。赤ちゃんの心理面を考えるなら、最初の呼吸で受けたショックがトラウマとして残る可能性は大いにあります。

しかも通常は、赤ちゃんはそのショックをお母さんの胸の中で癒されることもなく、清拭や計測のためすぐにお母さんから引き離されてしまいます。そこで、赤ちゃんは「早くママのところに戻して！」

と、怒りや悲しみで泣き続けることになるのです。

一方、へその緒をそのままにしてカンガルーケアをしてもらった赤ちゃんは、そのままお母さんに抱っこして受け入れてもらえるので、おなかの外に出るという環境の激変をゆっくり受けとめることができ、泣きわめく必要がありません。

そんな赤ちゃんの嬉しそうな顔を見ていると、私の心まで温かくなり、「いいお産だったな、よかったな」と心から感動します。

実は、私がお産に立ち会うことを喜びと感じるようになったのは、カンガルーケアを取り入れたことがきっかけでした。しかも私は、そのときはじめて、赤ちゃん一人ひとりが豊かな表情をもっていることに気づいたのです。

ひとたび意識してみてみると、安らいだ顔、満足している顔、怒っている顔、悲しんでいる顔、それこそ千差万別で、なぜそれまで気づけなかったのか、不思議なくらいでした。

いまでも忘れられないのは、はじめてカンガルーケアを導入した赤ちゃんの一カ月検診のことです。通常、新生児微笑はただの筋肉の反射だといわれていますが、その赤ちゃんは私をみて、明らかに笑ったのです。驚いた私が、助産師さんに、

「赤ちゃんって笑うんだね。僕のこと覚えていたよ」

と言うと、

「あら、いまごろ気づいたんですか。そうですよ、赤ちゃんには表情があるんですよ」

という答えが返ってきて、私は二度びっくりしてしまいました。

母子の絆を育むお産

私はカンガルーケアのすばらしさに、すっかり満足していました。生まれたばかりの赤ちゃんを抱っこすると、お母さんは母になった喜びに輝きます。その最初の感動は、その後長く続く子育てにもきっといい影響を与えるに違いない、と確信していたのです。


ところが、しばらくカンガルーケアを続けるうちに、

「私は抱っこしたくありません。お産をして疲れているから、赤ちゃんをあっちにやってください」

と言うお母さんが、立て続けに三人も現れたのです。しかも、たいていのお母さんは「よく生まれてきたね」「かわいいね」と話しかけるのに、そういうお母さんは赤ちゃんに話しかけることもありません。

これは何か変だ、どうしたらいいのだろうか、と私は考えました。そしてひらめいたのが、おなかの赤ちゃんに話しかけるという方法だったのです。赤ちゃんが生まれたとたんお母さんになるのが難しいなら、九カ月も続く妊娠期間に、お母さんになるトレーニングをすればいいのです。

私はさっそく、検診に来るお母さんたちに、

「おなかの赤ちゃんに話しかけてくださいね」

と提案してみました。するとすんなり話しかけられる人もいましたが、照れくさくて無理だという人もいたのです。

そこで、私は胎内記憶をキーワードにして、

「おなかの赤ちゃんには意識があって、周りの様子がわかっているんですよ。お母さんの声も、みんな聞こえているんですよ」

と勧めてみました。すると、それまでイメージがわかないと言っていたお母さんも、

素直に語りかけてくれるようになったのです。

おなかの赤ちゃんに話しかけ、カンガルーケアをしたお母さんは、それ以前のお産でのお母さんと比べて、赤ちゃんとのかかわりが格段にスムーズになりました。その変化はきわだっていて、それまで夜間はクリニックのスタッフに赤ちゃんを預けるお母さんが九割近かったのが、いまでは一年に一人いるかいないかまでに減ったのです。

しかも、それまでは産後にマタニティブルーになっているお母さんが必ずいたのですが、最近はそんなお母さんはいなくなり、「子育てが大変だ」とおっしゃるかたでも、同時に「子育ては楽しいです」とおっしゃいます。

赤ちゃんが守ってくれる

赤ちゃんの預かり率の変化からは、産後のお母さんは赤ちゃんの世話もできないほど疲れているものだという考えが、ただの思い込みに過ぎないことがわかります。極端な話ですが、ウガンダのお母さんは藪の中で赤ちゃんを産み、二時間後には赤ちゃんを抱いて親戚周りをするとさえいわれているのです。

このように、お産のスタイルについては、まだ検討しなければならない課題がたくさんあります。最近、私が関心をもっているのが、入院日数の長さと母乳育児との関係です。

一般に、日本では「産後は安静に」と考えられているので、お母さんに一週間ほど入院してもらう病院がほとんどです。私たちはあたりまえと思っていますが、実はそれは欧米のお産事情と比較してもずいぶん長く、アメリカでは多くのお母さんが出産の翌日には帰宅しているのです。

長期入院のもう一つの理由としては、助産師さんにしっかり指導を受けることによって、母乳育児を確立するためだといわれています。ところが、ある学会で、一カ月時点での母乳率はアメリカでは七割、日本では四割という発表がありました。つまり、母乳育児に慣れてもらうはずの長期入院が、かえって逆効果になっている可能性があるということです。

日本のお母さんは、医者や助産師さんに手厚く護られることによって、かえって自分と赤ちゃんの生きる力を信じるという基本を見失ってしまうのかもしれません。

　そこで私は、実験的に、それまで四泊五日だった入院を思いきって二泊三日に短縮してみました。そして、その前後半年のデータを比較したところ、一カ月検診時での完全母乳率は五パーセント上がり、それまでの人工栄養六パーセントが皆無になったのです。これにはもちろん助産師さんたちの努力に寄るところも大きいのですが、この統計を見て、私は私の仮説も間違ってはいなかったと感じました。
　そして、余録として、お産がさらに安産になったような気がします。自力でお産する覚悟ができたというのでしょうか、本当に元気にお帰りになる方が多いのです。もともとそういった覚悟のある人しか予約しませんので、その時点でお産に取り組む姿勢が違うのかも知れません。
　とはいえ、もちろん退院後のケアは欠かせません。自宅で育児に慣れていただきながら必要なところをサポートすることで、「自力で乗り切ってもらう」「余計な手出しをしない」という方針を徹底するようにしました。早期退院と、退院後のフォローを組み合わせることで、必要な人に必要なケアをおこなうことができるようになってきたのです。
　より望ましいお産のかたちを求める模索は、今後もずっと続くことになるでしょう。

しかし私は、どんなときも確信できることがあります。それは、赤ちゃんはいつも私たちを見ていて、評価してくれるということです。

奇妙に聞こえるかもしれませんが、私は「赤ちゃんに守られている」と感じています。医者が赤ちゃんを守るのではなく、赤ちゃんに守ってもらっているのです。

私がそう考えるようになった理由の一つに、赤ちゃんがどうやら私の都合を考えてくれているという事情があります。

というのも、私は地域の医師会で役職に就いており、また、各地の講演会に招かれることもあって、いつもクリニックで待機しているわけではありません。そこで、そのことはお母さんたちにも了承していただいているのですが、なぜかどうしても外せない会議や講演会の間にはお産はなくて、たいていその前に生まれてしまうか、用件が終わるまで待っていてくれることが多いのです。そのおかげで、私はほとんどの場合、お産に立ち会うことができています。

不思議に思っていると、おなかの赤ちゃんと話ができるお母さんがおもしろいことを教えてくれました。その方に陣痛が始まったとき、なんと他に四人のお母さんも陣痛がはじまって、同じ日に五人も入院になったのです。

するとそのお母さんには、おなかの赤ちゃんどうしが、
「いっぺんに産まれたら困るから、順番を決めようよ！」
などと話し合う声が聞こえてきたというのです。相談する声はとてもうるさかったそうです。そして実際、赤ちゃんたちは外の様子を窺いながら生まれるタイミングを選んで、無事に順番に産まれてきたのでした。

赤ちゃんに守られていることを思うと、私は赤ちゃんの生きる力を信じて、その思いに精一杯応えようという意欲が湧いてきます。もちろん、常に一〇〇パーセント納得のいくお産になるわけではありませんが、人事を尽くしてそれでも及ばないことがあるなら、そこには人間の知恵を超えた何らかの計らいがあるはずで、私はただ受け入れるべきだと思うのです。

私はいま、産科医として、お産にかかわれることを光栄に思っていますし、一人でも多くのお母さんにすばらしいお産を体験していただきたいと願っています。

お産・子育ては加点法で考えよう

人生に大きな波はそう何回も来るわけではありませんが、お産は確実に、最大の節目の一つです。お産とは、それまでの人生の総決算であると同時に、生き方を問い直し、新たなスタートを切るチャンスでもあるのです。

誤解されやすいのですが、いいお産とは決して、お産のスタイルにこだわることではありません。

ある大学病院の調査によると、九割のお母さんが、自分のお産に喪失感があると答えたそうです。つまり、周りの人に「安産でよかったね」と言われても、自分ではそう思えない人がたくさんいるということです。

その理由の一つとしては、現代のお産が最悪の事態を避けることばかり念頭に置いて、赤ちゃんだけでなくお母さんの心にも配慮していないということがあります。それは改善していくべきですし、お母さん自身、自分がどういうお産を望んでいるのかをよく考えて、お産する場所を決めていくことも必要でしょう。

しかし、お産に充実感を感じられない二つめの理由としては、前もって一〇〇点満点のお産というのを自分でイメージしてしまい、実際のお産の後、「これはよくなかった、あれもうまくできなかった」と、減点法で評価してしまうという要因があげられます。

すると、現実には一〇〇点満点のお産などほとんど存在しませんから、子育てのスタートからすっかり自信を失ってしまうのです。このことは、特に自然分娩にこだわっているお母さんに当てはまるようです。

ただし、ここで考えていただきたいのですが、子育てのゴールは、子どもが成長して一人で生きていけるようにすることであり、そういう長期的な展望からすると、お産は子育ての通過点にすぎないということです。たしかに大切な通過点ではありますが、それですべてが決まるわけではありません。

自然分娩が望ましいのは、お母さんとの絆を確立しやすく、その安心感があると子どもは独立しやすいという点にあります。しかし、帝王切開でも深い絆を築いている母子はたくさんいます。無事に赤ちゃんを産んで抱っこできたなら、それは生まれたい赤ちゃんの思いを叶えてあげたことになるのですから、すべて一〇〇点満点のお産

●表6　安産／難産の別と、胎内記憶・誕生記憶の保有率

	胎内記憶		誕生記憶	
	記憶がある	記憶がない	記憶がある	記憶がない
安産	340	433	221	488
	44.0%	56.0%	31.2%	68.8%
難産	111	100	71	122
	52.6%	47.4%	36.8%	63.2%

解説：安産か難産かは母親の主観で回答。胎内記憶はわずかに安産のほうが保有率が高い。誕生記憶の保有率は安産か難産かで差がなかった。

です。そのうえで、もし自然分娩ができたのだとしたらプラス一〇点というように、お産は加点法で考えるべきです。

そういう発想は、変えることのできない過去を受け入れ、前向きに生きていくことにつながります。そしてその後も長く続く子育てにおいては、お母さんのそんな姿勢がとても大切なのです。

減点法ではなく加点法で子どもと向き合い、子どもの成長の一つ一つに気づけるなら、命を授かりその育ちを見守るという、お母さんならではの喜びを深く実感できるようになるでしょう。

生まれてからの絆づくり

妊娠中の九カ月は、お母さんの心のありかたを調えるための準備期間とみなすことができます。

もっとも、長い妊娠期間には心を乱す出来事も起きますし、予想外の妊娠がわかっ

●表7　安産／難産の別と、子どもの記憶のポジティブ／ネガティブの別

	胎内記憶		誕生記憶	
	ポジティブな記憶	ネガティブな記憶	ポジティブな記憶	ネガティブな記憶
安産	230	10	190	7
	95.8%	4.2%	96.4%	3.6%
難産	72	7	59	7
	91.1%	8.9%	89.4%	10.6%

解説：胎内記憶・誕生記憶ともに、安産／難産の別で子どもの受け止め方に差がない。

て戸惑ってしまったお母さんもいるかもしれません。そして、赤ちゃんに記憶があることを知って、「妊娠中にあんなことを思って申し訳ないことをした」と後悔するお母さんもいるでしょう。

基本的には、ほとんどの胎内記憶はポジティブなものですから、私は妊娠中のありがちなトラブルが決定的なトラウマになる率はそれほど高くないのではないかと考えています。

実際、私の知っているあるお母さんは、胎内記憶の存在を知ってショックを受け、

「ママのおなかの中にいるとき、つらかったでしょ。ごめんね」

と謝ったところ、お子さんがきょとんとして、

「なに、それ？」

と答えたので、すっかり拍子抜けしたそうです。

そもそも基本的には、妊娠中のあれこれを反省しているお母さんは、すでに赤ちゃんに意識を向け、赤ちゃんを心から愛しているので、その時点で信頼を取り戻しているはずです。お母さんに抱きしめられるうち、つらい記憶はいつのまにか乗り越えられるでしょうし、かえって母子の絆が深まるかもしれません。

意識的に赤ちゃんを抱きしめ、「生まれてきてくれて嬉しいよ。ありがとう」という気持ちをしっかり伝えていれば、たとえ時間がかかったとしても、お母さんの気持ちは必ず赤ちゃんに通じるに違いありません。

たとえば、私のクリニックで生まれた赤ちゃんで、生後一カ月まで毎日生まれた時間になると泣き出したというケースがありました。お母さんは不思議に思い、あるとき赤ちゃんに、

「どうして泣いているの？　陣痛がいやだったの？　おなかから出るのが苦しかったの？」

と、次つぎに質問してみました。そしてふと、

「もしかして、先生が助産師さんを怒ったのがいやだったの？」

と聞いたところ、ぴたりと泣きやみ、翌日からはまったく泣かなくなったというのです。

それを聞いた私は、とても申し訳なく思いました。自分ではまったく覚えていないことで、ひどく声を荒げてもいないはずですが、その赤ちゃんにとっては怖かったのかもしれません。

このケースからは、赤ちゃんには生まれたときから一人ひとり個性があり、状況の受けとめ方もさまざまであることがよくわかります。と同時に、赤ちゃんの泣いている理由がわからなければ、思いつくことを端から赤ちゃんに聞いてみるといい、ということもわかります。実際試してみると、赤ちゃんはお母さんの語る内容が自分の気持ちと合えば、声や目、表情などできちんと返事してくれるのです。夜泣きなどの場合も、これで解決することもあるので、ぜひお困りの方はお試しください。

また、こんな興味深い話もあります。おなかの中にいるときに心臓病がわかり、予定日より六週間早く緊急帝王切開で生まれて、相当つらい治療を施された赤ちゃんのエピソードです。

三カ月に及ぶ入院の後、ようやくお母さんのもとに帰ってきたのですが、他の家族が赤ちゃんの顔をのぞき込むと愛想よく笑うのに、お母さんからは目をそらし続けて、決して目を合わせようとしなかったのです。

家族は「気にしすぎだ」と言うのですが、お母さんはあるとき我慢できなくなって、赤ちゃんを抱きしめながら、

「〇〇ちゃんは、ママに放っておかれたと思っているから、ママのことが嫌いなんだ。

●表8　帝王切開で陣痛の有無における、胎内記憶・誕生記憶の保有率

	胎内記憶		誕生記憶	
	記憶がある	記憶がない	記憶がある	記憶がない
陣痛があった	14	13	8	21
	51.9%	48.1%	27.6%	72.4%
陣痛がなかった	40	29	19	44
	58.0%	42.0%	30.2%	69.8%

解説 ： 陣痛を起こすオキシトシンというホルモンは忘却作用があるため、陣痛の有無と胎内記憶・誕生記憶の有無との関係を調べた。結果として今回のアンケートからは関係が確認できなかった。ひいては、帝王切開と自然分娩とで記憶に差がないと考えられる。

だからママと目を合わせてくれないんだ。でも、ママだって○○ちゃんとずっと一緒にいたかったんだ」

と言いながら、ぽろぽろ泣きました。すると、生後半年にもならない赤ちゃんがびっくりしたような表情でお母さんをじっと見つめ、それ以来お母さんと目を合わせるようになったというのです。

こういったケースからわかることは、赤ちゃんにとってつらい誕生記憶でも、お母さんと思いが通じると解消できるということです。

自然分娩を望みながら帝王切開になったお母さんのなかには、赤ちゃんのトラウマを心配しているかたがときどきいます。

けれど、ある研究所がお母さんと赤ちゃんのコミュニケーションのレベルを調査したところ、何百組もの母子のなかで最も深い絆で結ばれていた三組は、いずれも帝王切開による出産だったという報告もあるのです。

たしかに、帝王切開は自然分娩に比べて赤ちゃんにかかるストレスは大きいのですが、お母さんが赤ちゃんの気持ちを意識してそれを癒そうと取り組むなら、かえって赤ちゃんとの信頼の絆を深めることにつながるはずです。

お産は必ずしもスムーズな経過をたどるとはかぎらず、早産する場合や医療処置が必要になるときもあります。安産の自然分娩が望ましいのはもちろんですが、妊娠期間を理想的な環境で過ごすことがしばしば難しいのと同じで、トラブルを絶対に避けることはできません。

しかし、すべてを前向きにとらえ、どんなときも子どもときちんと向き合うことを心がけるなら、どのようなお産であったとしても、必ずいい親子関係を築くことができるのです。

第3章

子育ては家族育て

お産は家族みんなで迎えるもの

◆「（おなかの中は）まっ暗だったから寝てたりしてたけど、パパとママが○○の名前決めてたね。ゆらゆら気持ちよかったよ」（四歳六カ月、女の子）

◆「おなかの中にいたとき、パパとママの声が聞こえたよ。パパが『ぞうさん、ぞうさん、お鼻が長いのね』って歌っていたの」（三歳、女の子）

◆「お父さんのおなかの中にいたとき、あったかかったの。くるくるって回ってドボンっていっちゃったんだ」（二歳、女の子。おなかにいるとき、お母さんよりお父さんのほうが積極的に話しかけていた。吸引分娩）

（過去のアンケートの回答から）

おなかの中での心地よい記憶は、私たちの生涯にわたって、精神的なよりどころになります。そして、おなかの赤ちゃんが快適に過ごせるかどうかは、お母さんの心のありかたに大きな影響を受けますから、妊娠中のお母さんは体をいたわるだけでなく、おなかの赤ちゃんに語りかけながらなるべく穏やかな気持ちで過ごすことが理想なの

です。

もちろんそのためには、ただお母さん一人が自覚するだけでなく、お父さんをはじめとする周りの人たちはお母さんが気持ちよく暮らせるようにサポートし、おなかの赤ちゃんに愛情を伝えていくことが大切です。

本来、お産はお母さん一人のものではなく、家族みんなで迎えるものです。そしてだからこそ、お産とそれに続く子育ては、家族育てのプロセスだといっていいのです。

実際、妊婦健診をしていると、おなかの赤ちゃんがお父さんとのコミュニケーションを高める大切さを教えてくれるケースが、決して珍しくありません。

お母さんが、

「急におなかが張ってきたんです」

と訴えるので、

「何か変わったことがありましたか」

と尋ねると、

「夫婦げんかしました」

という答えが返ってくることはよくあります。

そんなとき、おなかに手を当てると、なぜか冷たいのです。ふつう赤ちゃんがいるところは温かく、特に心臓の位置は熱を帯びているので、外から手を当てればどこに心臓があるかわかるほどです。しかし、まれにエネルギーを吸い取られるように冷たいことがあり、そんなときは前日に夫婦げんかをしていることが多いのです。

そういう場合、私はお母さんに、

「おなかの赤ちゃんは外の状況をお見通しで、お母さんの気持ちをすべて受けとめているんですよ」

とお話しします。そして、お母さんから赤ちゃんに、

「ごめんなさいね。心配しないでね」

と語りかけてもらうと、赤ちゃんが落ち着くにしたがって、おなかの痛みは不思議ととれていくのです。

このように、おなかの張りはお母さんの気持ち、特にお父さんとの関係を直接反映しているケースがほとんどなのですが、私は切迫早産でさえ、同じことがいえるのではないかと推測しています。

一般に、切迫早産の原因は感染症といわれていますが、免疫が高い場合、そう簡単

に感染症にはかからないものです。ではなぜ免疫が低くなるのかといえば、それはストレスであり、ストレス要因のほとんどは、夫婦、親、職場、近所などの対人関係なのです。

したがって、産科医としての私の役目の一つは、お母さんの心にしこりとなっているストレスを聞き出していくことになります。現実的には、お母さん一人が心の問題に気づくだけでトラブルを乗り越えるのは難しいのですが、お父さんが理解してサポートしてくれるなら、かなりのことが乗り越えられると実感しています。

お父さんのサポートが大切

◆「(私がおなかの中にいたとき)お父さんはママに意地悪ばっかりしていたよね。ママが泣いてたの、私、知っているよ」(二〜三歳頃、女の子)

◆「(おなかの中は)居心地が悪かった。だから早く出てきたの」(三歳、男の子。妊娠中、お母さんはお父さんと折り合いが悪く、不安な気持ちで過ごしていた)

◆「ひとりぼっちでさみしかった。暗かった。はやく出たかった」（三歳、男の子。妊娠中は引っ越したばかりで環境に慣れず、騒音もひどくて、お母さんは不安な毎日を送っていた）

（過去のアンケートの回答から）

妊娠は、お母さんにとって肉体的にも精神的にも激しい変化をもたらし、大きな負担になります。このとき、お父さんがお母さんにまったく配慮せず、赤ちゃんのことを考えていないと、いいお産、ひいてはいい子育てにはつながりません。

お父さんに振り向いてもらえない状態でお産をし、一人で育てている状態のお母さんは、もう限界というような疲れきった表情をしているため、一カ月健診ですぐわかります。

お父さんに子育ての大変さを自覚してもらうために、一般には立ち会い出産が勧められています。私のクリニックでは、お父さんに出産に立ち会ってもらう場合は、ただ見学するのではなく、お産に参加して産みの苦しみを共有してもらいます。

陣痛がくると、お母さんは痛みのあまりお父さんにしがみつきます。そして、お父さんは暴れるお母さんを汗だくになって抱きかかえたり、手を握ったり、腰をさすったりします。

そんなふうにして赤ちゃんが生まれると、お父さんはまるで一緒にお産をしたような気分になり、試練を乗り越えたお母さんを大切に思い、生まれてきた赤ちゃんがいっそう愛しくなるものなのです。

しかし、カンガルーケアをしても赤ちゃんを拒絶したお母さんがいたように、立ち会い出産だけではお父さんと赤ちゃんの絆を深めきれない場合もあります。その意味では、お産が終わってからではもう遅いのです。

そこで私は、お父さんにお話ししておいたほうがよさそうなときは、お母さんと一緒にお父さんにも妊婦健診に来ていただいて、おなかの赤ちゃんに語りかける大切さをお伝えすることにしました。

赤ちゃんは、お母さんの気持ちだけでなく、周りの人たちが妊娠をどう感じているかもわかっています。そこで、おなかの中にいるときからお父さんに話しかけてもらっていた赤ちゃんは、生まれたときお父さんの顔を見てにっこり笑いますし、お父さんの抱っこが大好きになるのです。

一方、お父さんの声を聞いたことのない赤ちゃんにとって、生まれてからはじめて出会ったお父さんはまるで知らないおじさんと同じで、なかなかなつかないのです。

あるお父さんは、赤ちゃんがかわいくてたまらないのに、抱っこするたびに泣かれて困っていました。そこで、

「お父さん、おなかの中にいるとき話しかけてくれましたか」

と質問したら、

「忙しくて、全然。私が家に帰る頃には妻は寝ているし、朝は妻より先に起きて仕事に出るので、一度も話しかけたことがないんです」

とおっしゃっていました。

ほかのお父さんたちにこの話をすると、それまで照れくさがって語りかけをしなかったお父さんも、慌てておなかの赤ちゃんに話しかけてくれるようになりました。しかも、そんなふうにお父さんが赤ちゃんを気にかけているのを見て、お母さんの気持ちもずいぶん穏やかになるのですから、最高の胎教になります。

長い妊娠期間、お父さんがおなかの赤ちゃんにかかわっていると、お父さんがお産に立ち会うかどうかとは関係なく、お母さんの表情が生き生きしてきますし、子育ても楽しくなるようです。

お父さんに語りかけを勧めるようになってから、以前は一月に一人くらい一カ月健診で「この先大丈夫だろうか」と心配になるようなお母さんがいたのに、いまではそういうお母さんはほとんどいなくなりました。

コミュニケーションの練習

お父さんがおなかの赤ちゃんに語りかけることは、お産を迎える準備になるだけでなく、夫婦のコミュニケーションの質を高めることにもつながります。

考えてみれば、ほとんどのカップルは結婚するとき、これから社会にもまれて成長していくという前段階にあります。大恋愛で結婚しても、実際の生活が始まると、育ってきた環境がまったく違う二人が一緒に暮らすことになりますから、当然ぶつかり合いも出てきます。そのプロセスでは、相手の気持ちをくみ取りつつ、上手に自分の思いを伝えて折り合いをつけていく必要がありますし、そこに私たちの成長があるのです。

しかし、それはときにとても困難なこともあります。夫婦になるような人たちは、たましいのレベルではとても親しいのですが、それぞれ別の肉体をもち、性格も違いますから、相手の考えがよくわからなくなってしまうのです。お互い相手の笑顔を見ていたいのは同じなのに、意地を張るうち、心とは裏腹なことを言ってしまうこともあるかもしれません。

ある意味で、夫婦とはコミュニケーションの練習場です。そして赤ちゃんは、そんな二人を応援するためにやってきてくれるのです。

おなかの赤ちゃんに語りかけ、その思いをくみ取ろうとするうちに、お母さんもお父さんもコミュニケーション能力が上がって、言葉に頼らずに相手の思いを感じとれるようになるでしょう。つまり、胎教は赤ちゃんをよく育てるためだけでなく、お母さんとお父さんを成長させるチャンスでもあるのです。

そう考えると、お産には本当に深い意味があると思います。たとえ最初の子育てで思うようにコミュニケーション能力を高められなくても、二人めを妊娠したときに再挑戦することもできます。

それは、夫婦二人だけでなく上の子もかかわっている関係ですから、よりハードルが高い、難しい練習です。しかし、赤ちゃんはお母さんなら乗り越えられる課題だと信じておなかに宿ってくれたのですから、自信をもって取り組んでもらいたいと思います。

きょうだいのつながり

◆「あのね、三人で順番決めてきたの」（三歳、女の子）

◆「空の上から二人で一緒にお母さんを見ていたよ。『ぼくが先に行くね』と言って、生まれてきたんだよ」（二歳、男の子）

（過去のアンケートの回答から）

赤ちゃんの登場は、家族全員の生活をがらりと変えてしまいます。すでに述べたとおり、子育てとは家族育てでもあるのです。お父さんがお産にかかわることによって成長のチャンスを得られるように、お兄ちゃん、お姉ちゃんたちにとっても嬉しいお産が、「いいお産」なのだと思います。

赤ちゃんがお母さんを選んでいるなら、きょうだいとして生まれることを決めた子どもたちは、きっとたましいのレベルで深いつながりがあるに違いありません。

一般に、最初に生まれる子どもは、はじめての子育てに奮闘するお母さんとチームを組み、道を切り拓いていくパイオニアです。自分の人生を生きるより前に、まず子育てを通して親を大きく成長させる役割を引き受けているのですから、強いたましいの持ち主なのです。

それに対して、後から生まれる子どもたちは、お母さんが子育てに慣れた頃に生まれてきます。そこで、親を成長させるという目的は第一ではなくなっていて、より自由に自分なりの生き方を追求する器量を備えて生まれてきます。そのため、性格的にはマイペースだったり、穏やかだったりして、第一子とは感性のうえで違いがあるのではないかと思います。

よくあるのが、はじめての子に厳格に接し、親の敷いたレールを走らせようとして壮絶な反抗を経験したため、下の子はのびのび育てることができたというケースです。上の子は親と闘いながら試行錯誤し、強い自我を形成することができます。一方、下の子は親の意識が変わっているので、上の子だったら認められなかったようなより自

由な生き方を選んで、自分の人生に進むことができるのです。

胎内記憶には、きょうだいに関する興味深いエピソードがたくさんあります。生まれる順番を決めてきたという子どももいますが、「横入りのきょうだい関係」というのもあるようなのです。

あるお母さんからうかがったのですが、二人兄弟でけんかをすると、弟さんが、

「お兄ちゃん、お兄ちゃんってえばるな！　本当はぼくが最初に生まれるはずだったのに、お兄ちゃんが横入りしたんだ！」

と主張し、お兄ちゃんは、

「ぼくが生まれなかったら、おまえは生まれなかった。二人で兄弟になろうって約束したから、先に生まれたんだ。だから、感謝しろ！」

と応酬するのだそうです。

そのお母さんは、

「下の子はわんぱくで、もしその子が先に生まれていたら、本当に大変だったと思います。でも、お兄ちゃんは育てやすい子で、私は子育てに慣れることができました」

とおっしゃいました。もしかしたら、お兄ちゃんはお母さんの子育てを応援するた

め、張りきって駆けつけてくれた、たましいの強い子なのかもしれません。

妊娠中は上の子の気持ちを考えて

きょうだいがどうお産を受け入れるかは、それからの子育てがスムーズに進むかどうかの鍵を握っています。

ある調査によると、虐待される子どもの三割がきょうだい仲が悪いそうです。きょうだいは、たましいのレベルでは親しくても、肉体をもってこの世に生まれるとお母さんの愛を取り合うライバルになります。そこで赤ちゃんが生まれると、それまでお母さんを独り占めしていた上の子が下の子に嫉妬して、つねったり叩いたりするのです。

するとお母さんは本能的に上の子を叩いてしまうので、上の子はますます赤ちゃんが憎らしくなって意地悪をし、さらにお母さんに叱られるという悪循環にはまってしまいます。それが続くと、お母さんと上の子は心がうまく通じあわなくなり、親子関係が大きく歪んでしまう一つの原因になります。

きょうだい仲は、ひとたびこじれると修復が難しいものです。そこで、下のお子さんを妊娠しているお母さんは、お産の前から上の子とのかかわりに心を配っていただきたいのです。

おなかが大きくなったからといって、

「赤ちゃんがいるからおなかに乗らないで」

と赤ちゃんを中心に言うと、赤ちゃんのせいで自分が怒られたと思い、上の子は赤ちゃんに腹を立てます。しかし、お母さんが
「ママのおなかに乗るとママは苦しいな。だからおなかに乗らないでね。わかってくれてありがとう」

と、お母さんを中心に据えて話すなら、子どもはお母さんが大好きなので、お母さんのためならしかたがないと、素直に納得してくれるのです。

もちろん、スキンシップはなるべく減らさないようにして、膝の上に乗りたがっていたら乗せてあげるといいでしょう。上の子がいらいらするのは、お母さんが大好きだからこそであり、その気持ちはちゃんとわかっているのだと伝えることが大切です。

「お兄ちゃんだから、がまんしなさい」

という言葉は、赤ちゃんのせいで甘えられなくなってしまったと考えさせ、赤ちゃんを疎ましく思わせるので、基本的に避けたほうがいいでしょう。

そしてもう一つ、きょうだい仲をよくするために有効なのが、上の子におなかの赤ちゃんへ語りかけてもらうという方法です。ただ話しかけるだけでも赤ちゃんを迎える心の準備ができ、上の子を赤ちゃんにいっそう親しませることができるのです。

きょうだいには赤ちゃんが見える

◆「昨日、お空に行ったら笑っている赤ちゃんがいたから、ママのおなかに入れておいたよ」（三歳、男の子。お母さんはその月に妊娠した）

◆「コウノトリが窓から入ってきて、ママのおなかをつんつんしてから、赤ちゃんの入った袋をそおっと置いていったよ」（朝、お母さんに寄ってきて言った。後でわかったが、そのとき受精していた）

◆「ママ、赤ちゃんだいじょうぶ？」「女の子だよ」（三歳、男の子。向こうから来た人がお母さんにぶつかったとき。その数日後、妊娠がわかった）

◆「絶対男だ。見えた」（八歳、男の子。周囲の人はみんな赤ちゃんは女の子だと信じていたが、生まれてみるとお兄ちゃんのいう通りだった）

◆「やったあ。明日生まれてくるって」（二歳、男の子。お母さんが「赤ちゃんにいつ生まれるか聞いて」とたのんだところ、おなかに耳を当てながら聞いてくれ、本当に翌日生まれた）

（過去のアンケートの回答から）

おなかにいるとき、お母さんのおへその穴を通して外を見ていたと言う子どもは多いのですが、お母さんが下の子を妊娠した後、やはりおへその穴を通しておなかの赤ちゃんを見ることができるお子さんも珍しくありません。

不思議なのですが、子どもたちは超音波で見てもわからないほど小さい頃から、赤ちゃんの性別を九割以上の確率で言い当てることができ、お母さんのために赤ちゃんとの通訳を引き受けてくれることもあるのです。

はじめは赤ちゃんができたことにとまどっているお子さんも、お母さんが、

「おへその穴から見ると、赤ちゃんとお話しできるんだって。聞いてくれない？」とお願いすると、興味を引かれて挑戦してくれるものです。

お母さんから告げられる前に上の子が妊娠に気づいたというエピソードは、もともとよく聞いていましたが、二〇〇四年一〇月から翌八月にかけて一四四人のお子さんの様子をアンケートで質問したところ、やはりかなりの確率で上の子にはわかっていたという結果が出ました。

母親より早く妊娠に気づいた　三四・七％（五〇人）
わからなかった　五三・五％（七七人）
不明　一一・八％（一七人）

幼い子どもたちは、必ずしも言葉で「おなかに赤ちゃんがいるよ」と告げるわけではありませんが、急に人形を抱っこする、お母さんにべたべた甘えてくる、足の間を覗きこむ、おなかを蹴る、股をくぐるなどの奇妙な行動を始めます。どんな態度の変化が見られたかについては、聴き取りしただけで一七種類もありましたから、きっとまだまだあると思います。

たいていの場合、上の子に変化が現れるのは月経が遅れた頃からですが、なかには排卵日や受精当日からというケースもあり、上の子に指摘されて妊娠に気づいたお母さんもいました。

私のクリニックにいらっしゃるご家族で、最も下の子の受け入れがいいのは、お母さんが妊娠中ひんぱんに、

「いま、おなかの赤ちゃんは何しているか教えて」

と尋ね、通訳を任されていた子どもたちです。お母さんは、子どもがいろいろ教えてくれると、

「どうもありがとう、助かったわ」

と感謝するので、子どもたちはお母さんの役に立てたという自信をつけ、すっかりたくましくなります。そして同時に、お兄ちゃん、お姉ちゃんとしての自覚が自然に芽生えてくるのです。

きょうだいの立ち会い出産

私のクリニックでは、お母さんが希望する場合、上の子を下の子のお産に立ち会わせることもあります。これまで一、二歳から小学生まで、さまざまな年齢の子どもたちがお母さんのお産をともに体験しました。

子どもの立ち会いについては、お母さんが痛がるところや出血を見てショックを受けるのではないかと心配するかたもいますが、私の経験からは問題ありません。子どもは血ではなくお母さんを見ていますから、お母さんが大変そうにしているとけなげにうちわで扇いだり、

「ぼくがいるから大丈夫！」

と励ましながら背中をさすったり、子どもなりに一生懸命お手伝いしようとするのです。私に、

「先生、ママをいじめちゃだめ！」

と抗議し、

「いじめているんじゃないよ」

と言うと、

「なら、いいけど」

と答えた、とても頼もしいお兄ちゃんもいます。

もっとも、心の準備ができていない子どもを無理に立ち会わせてしまうと、子どもは怖がったりいやがったりします。しかも、そこでお母さんが、

「それなら出ていって！」

と叱ると、子どもはお母さんから離れることがいっそう不安になって、ぐずりながらそばにまとわりついてしまうのです。すると、そのイライラが伝わってお母さんも気持ちが乱れ、お産もこじれるので、あまり好ましいとはいえません。

ですから、そんな事態を避けるためにも、長い妊娠期間を通して上の子にはおなかの赤ちゃんに語りかけをしてもらい、赤ちゃんを受け入れる準備を調えさせておくことが必要なのです。

語りかけと立ち会い出産というプロセスがうまく進んだ場合、上の子は生まれたばかりの赤ちゃんを「かわいい」と感じるものです。そして、最初は生活の変化にとま

どったとしても、一カ月もするとかなり受け入れられるようになり、幼稚園や小学校からすっ飛んで帰ってきて、赤ちゃんと遊んでくれるのです。

ただしそんなふうにスムーズにいった場合でも、お母さんは上の子の気持ちをつねに大切に考えるべきであることには、変わりありません。

そのことについて、三人めのお産をすませたベテランのお母さんが、すてきな話をしてくれました。産院で生まれたばかりの赤ちゃんに会って家に帰った後、二人のきょうだいが別々にお母さんに電話してきて、それぞれ、

「今度ママのおっぱいを吸っていい?」

と甘えてきて、「内緒にしててね」と言ったというのです。

それぞれプライドがあるので、他のきょうだいがいる前ではおねだりできなかったのですが、どうしてもお母さんにそうお願いしてみたかったのでしょう。お母さんはもちろん「いいわよ」と大らかに受けとめて、子どもたちを安心させました。

複数のお子さんがいるお母さんは、どうか女優になっていただきたいと思います。子どもはどれほど気にかけていても、「お兄ちゃんのほうがかわいいんだ」「妹のほうが大事なんだ」と思い込んでしまうものです。そこで、それぞれに、

「あなたが一番大切よ」

と言葉でも態度でも伝えてあげることで、子どもの自信を大きく育む必要があります。すると、それはきょうだい仲のよさにつながって、よりスムーズな子育てができるようになるのです。

思春期の子どもと胎内記憶

ところで、胎内記憶・誕生記憶は、子どもが小さなうちだけかかわるテーマではありません。興味深いことに、思春期の子どもたちにも、そういった記憶の存在を知らせることが大いに役に立つようなのです。

近年、思春期の子どもたちの性が乱れていることが社会問題になっています。それに対して、正しい性教育をすべきだとか、禁欲を教えるべきだとか、さまざまな意見が飛び交っていますが、私がまず気になるのは子どもたちのトラウマです。

中学から高校にかけての二次成長期には性ホルモンが大量に分泌されるため、動物的な衝動が高まり、それは押しとどめようがありません。しかし、そこに自分を大切にする気持ちや相手への思いやりがあれば、安易に不特定多数の異性とのセックスには走らないはずです。

すぐにセックスしてしまう子どもたちは、もともと心のさみしさを抱えているのであり、その根本は親の愛を実感できないというところにあるのだと思います。セックスは相手と肉体的に親密になるので、ひとときの安心感を得ることができます。そこで、子どもたちは恋人に親のような愛情を求めてセックスし、存在の確かさを味わおうとするのですが、親の代わりになる人はいないため挫折感を味わい、精神的に満たされないまま次つぎと相手を変えていくのです。

そういう子どもたちのなかには、セックスすれば妊娠することは知っていても、避妊しない子も大勢います。それは、相手が嫌がるからという単純な理由だけでなく、もし妊娠したら産みたいと考えている子どももいるのです。もしかしたら、そういう子どもたちは、赤ちゃんを産むことによって空虚な自分を満たしたいという願望があるのかもしれません。

もちろん、出産をきっかけに自分自身大きく成長することを決意できるなら、それはこのうえないチャンスになりえます。しかし、そこまで気づきを深められないまま赤ちゃんを産んだとしたら、それは自分の人生を赤ちゃんに賭けることであり、赤ちゃんに精神的に依存することと等しいのです。そして、そんなお産と子育ては、ほぼ確実に大きな試練の連続になるはずです。

とはいえ、そういう子どもたちが周囲に説得されて中絶したとしても、その体験を通して何を学ぶかというところまで考えが及ばなければ、ただ「産ませてもらえなかった」と親を恨んで、満たされない思いをますます強めてしまうだけです。

結局、出産を決意するにしろ中絶するにしろ、自分の人生は自分で選択するのだという意志がないと、かえってトラウマを深めることになりかねません。

私たちが人間的な成長をとげるには、自分の人生に責任をもつ覚悟が必要です。そしてそのとき、胎内記憶を参考にして、たとえ現在の状況にどれほど不満でも、この世に生まれると決め、この親を選んできたのは他ならぬ自分自身なのだと気づくことができるなら、それはもつれにもつれた糸をほどく出発点になるはずです。

性教育と胎内記憶

セックスに依存している子どもたちは複雑な心の葛藤を抱えていますから、性教育はただ妊娠のリスクや避妊法を教えるだけでは不充分で、命のすばらしさや尊さを感じとってもらうことから始めなくてはなりません。

私はときどき、中学校の性教育の授業で妊娠や性感染症などについて講演する機会がありますが、このとき胎内記憶の話もすると、子どもたちはみんな真剣なまなざしになります。

「きみたちは自分の選択でご両親を選んできたんだよ」

という話を盛り込むと、ただ生理的な仕組みを解説するときに比べ、子どもたちの反応は格段によくなり、講演後のアンケートでは率直な感想が返ってくるのです。もちろん肯定的な反応ばかりではありませんが、いずれも子どもたちの本音が伝わってくるのです。

・おもしろかった。
・とても不思議な気がする。
・命を大切にしようと思った。
・毎日親とけんかして恥ずかしくなった。
・お母さんに「うざったい」と言ったけれど、謝ろうと思った。
・親に感謝するべきだと思った。
・ホラかもしれない。
・あの親を選んで生まれてきただなんて、私は絶対に認めない。

なかでも私が嬉しかったのは、

・私は前から親を選んで生まれてきたと思っていたので、その答えが見つかって安心した。

という感想があったことでした。

その子は以前、そう感じたことを周りの人に言ってみたのですが、「まさか、そんなはずないじゃない」と否定され続けて、自分の記憶は間違っているのかもしれないと思うようになっていました。しかし、そのときの鬱屈とした気持ちが、胎内記憶の存在を知って救われたというのです。

多感な思春期、もしお子さんが胎内記憶・誕生記憶について話し出したり、関心があるようなそぶりを見せたら、周りの人はぜひ耳を傾けてください。そして、それが生きていることの神秘や喜びを親子で考え直すチャンスになるとしたら、本当にすばらしいことだと思うのです。

一五歳のお母さん

命の誕生は、本来、ただそれだけで周りの人たちに大きな喜びをもたらすできごとです。そしてそれは、たとえ最初は「妊娠しなければよかった」と後悔するようなお産であったとしても、同じことなのです。

そんなケースの一つに、中学三年生の女の子のお産があります。その子は妊娠がわかってクリニックに来たときから、

「産みたい」

と言い張っていましたが、一緒について来たお母さんは、

「絶対に認められません」

とがんこに反対していました。

そこで私は、まず女の子に、

「赤ちゃんを産んだら、育てていかなければならないんだよ。彼もまだ結婚できない年齢だし、二人で働くといっても親の援助は絶対に必要だよ。親に反対されていたら、現実的に出産は無理だと思わない？」

と聞いてみました。その一方、同席のお母さんには、

「どうして反対するんですか」

と質問して、お互いの気持ちを引き出そうとしたのです。

すると、お母さんは、

「実は、私は産ませてあげてもいいかなとも思うのですが、おばあちゃんが絶対に認

められないって言うんです」

と打ち明けてくれました。そこで私は、

「では、次の診察にはおばあちゃんも一緒にいらしてください」

と提案して、今度はおばあちゃん、お母さん、女の子の三人そろって話し合いをすることにしたのです。

「お孫さんがお産するの、どうして駄目なんですか」

「とんでもないです」

「でも、これだけおなかが大きくなっているし、本人も産みたいって言っていますよ」

「だって、世間体が悪いじゃないですか」

「世間って？」

「近所の人です。何て言われるかわかりません」

「だって、ひ孫じゃないですか。ご家族がお誕生を喜んであげたら、それでいいんじゃないですか。お母さんは、おばあちゃんが賛成したら産ませてもいいっておっしゃっています。だから、おばあちゃんの心一つにかかっているんですよ」

という会話の後、帰って行かれました。

その後家族で話し合った結果、結婚できるようになるまで女の子は実家で暮らすことに決め、家族でお産を応援することにしたのです。その後、妊娠の経過は順調で、中学の卒業間際に、女の子には元気な赤ちゃんが生まれました。

すると、妊娠がわかったときは猛反対していた家族みんなが、赤ちゃんに夢中になったのです。特に、女の子のお姉さんは「赤ちゃんが生まれたら家出する」と言うほど反対していたのですが、赤ちゃんの愛らしさに夢中になり、とてもかわいがってくれるようになりました。そしていつのまにか、赤ちゃんのお父さんも赤ちゃんのそばにいたいあまり、女の子の実家で同居するようになったのです。

女の子は、赤ちゃんが二、三カ月のとき、卒業式の準備をしている学校に連れていきました。すると、クラスメートが次つぎと寄ってきて代わるがわる赤ちゃんを抱っこし、「可愛い、可愛い」と抱きしめてくれたそうです。また、担任の先生もお祝いをくださったそうです。

それから四年ほど経ちますが、女の子はすっかり母親業も板につき、とても上手に子育てをしています。

これは、私がいままで手がけたなかで最も嬉しいお産の一つでした。猛反対され、中絶と紙一重だった赤ちゃんが、家族みんなに幸せを運んできてくれたのです。

実の親とのかかわり

先の例は、お産を通して家族全体が変わっていったすばらしい例です。しかし、それとは正反対に、妊娠をきっかけにこれまで見過ごしていた人間関係のこじれが表面化することも、決して少なくありません。そしてそのこじれの相手は、お父さんや上のお子さんだけでなく、自分の親やきょうだいである場合もあります。

赤ちゃんを宿し、お産をし、子育てをするというプロセスは、家族関係のこじれを解きほぐす作業でもあります。そしておそらく、お産のときにそのこじれを解消できなかった場合は、子育てのなかで気づかされていくことになるのでしょう。

私のクリニックに来るお母さんのなかには、実の母親とのトラブルを抱えているかたもときどきいます。子どもの頃から母親に認められたことがなく、誉めてもらえなかったというお母さんで、結婚や妊娠にもいい顔をされなかったというのです。

特に自然分娩では、お母さんの世界観が問われますから、おばあちゃんの理解を得られないケースはかなり問題です。

自然分娩では、産科医や助産師はサポート役にすぎず、産むのはお母さんであり、赤ちゃんは自らの力で生まれてきます。このとき大切なのは、お産を通してお母さん自身が自分と赤ちゃんを信じ、命の営みを感じられるようになることです。自然分娩は、決してファッション感覚で決めるものではなく、お産が死と隣り合わせであることを覚悟して、あえて選択すべきものなのです。

多くのお母さんはそう納得したうえで自然分娩を望んでいるのですが、それを認められないおばあちゃんは陣痛が始まると大騒ぎをし、私に

「こんなに痛がっているのに、この子も赤ちゃんも大丈夫なんですか？　一〇〇％保証してください」

と迫ることもあります。そんなときは、

「お母さんにも赤ちゃんにもいまのところ問題はありませんよ。ただ、お産は何があるかわからないから、一〇〇％の保証はできないんです。ご心配なら大きな病院に移りますか」

と提案するのですが、お母さんのほうはここで産みたいと主張するため、親子で口論になってしまうのです。

私はおばあちゃんに、

「赤ちゃんは生まれたがっているんですから、赤ちゃんの力を信じて、それに意識を向けてください」

とアドバイスし、何とか落ち着いてもらおうとしますが、そういうおばあちゃんは次から次へと心配の種を見つけてくるので、産まれた後も大変です。

ようやくお産が無事に終わっても、おばあちゃんは娘の選択を信じることができないため、今度は子育てにあれこれ口出しを始めるのです。

たとえば、母乳育児を望んでいるお母さんが、一時間おきにおっぱいをあげながら授乳のリズムを確立しようとしていると、おばあちゃんは、

「おっぱいは三時間おきでしょ？　足りないんじゃないの？　ミルクを足してあげないとかわいそうよ」

などと文句を言って、産後でナイーブになっているお母さんをさらに追い込んでいきます。これではお母さんは自信を失うだけで、落ち着いて赤ちゃんと気持ちを通わ

せられませんし、いい子育てにはつながりません。

おばあちゃんのなかには偏った子育てがすり込まれていて、それを修正するのは至難の業です。生きる力を信じるということの意味がわからず、結果的に子どもの足を引っ張っているのですが、おばあちゃん本人は愛しているからこその助言だと思い込んでいるのがやっかいです。

私はそういうお母さんから相談を受けたときは、子どもは親を選んでくるという胎内記憶の話をして、

「お母さんも、おばあちゃんを選んで生まれてきたんです。親の成長を助けるのも子どもの役目なのだから、お母さんは、孫とのかかわりを通しておばあちゃんが視野を広げるお手伝いができるといいですね」

とアドバイスしています。

虐待の連鎖を断ち切る

おばあちゃんとお母さんとの関係は、子育てに大きな影響を及ぼしています。私は、「母が私のことを認めてくれないんです」とこぼすお母さんたちからいろいろ話を聞いてみたところ、ある共通点に気づきました。

それは、おばあちゃん自身が実の父親と死に別れるなど、苦労の多い子ども時代を過ごしているということです。おそらく、おばあちゃん自身にかわいがられて育った記憶がないため、どんなに子どもを愛していても、それをどう表現したらいいかわからないのでしょう。

このとき、ただ心配性のおばあちゃんとしっかり者のお母さんという関係ですむならまだいいのですが、問題は「私は批判されてばかりで、ちっとも愛されなかった」と思っているお母さんの場合です。

そういうお母さんは、赤ちゃんとどのように接したらいいか見当もつきません。我が子には自分と同じつらい思いはさせたくないと思っても、日常生活に追われるなかで、ついおばあちゃんと同じような子育てをしている自分に気づいて、ひどく悩んでいるお母さんも少なくないのです。

健診で「子どもを強く叱りすぎてしまう」と相談するお母さんには、私は、

「もしかしたら、お母さんもそんなふうに育てられたのでは？」

とお尋ねするようにしています。するとたいていの場合、お母さんは、

「その通りです」

と答えるのです。

そこで、

「お母さんは、おばあちゃんと同じことをしているんですよ。お母さんはお子さんを愛しているけれど、この状態では、お子さんにはそれは伝わりませんよ」

と言うと、お母さんはハッとした表情になります。

子育てでは、まず子どもを受け入れることが大切なのです。もちろん、反抗期になるとしつけの問題が出てきますが、それ以前の問題として、子どもに「ぼくはお母さんに愛されている。絶対に捨てられない。生まれてきてよかった」という確信をもた

せることが基本です。受け入れられていると知っている子どもを叱るなら、それはしつけになりますが、安心感が育っていない子どもを叱るのは、しつけではなくて虐待です。しつけか虐待かは、行為を外から見ているだけでは決してわかりません。「こんなに手をかけて育てたのに反抗して！」と子どもに腹が立ったら、まずは自分のメッセージの伝え方が間違っていないか、お母さんは立ち止まってよく考えてみる必要があります。

自分自身が受け入れられた経験がないお母さんには、それはとても難しいことですが、だからこそそんなケースでは、ただお子さんと自分の関係だけでなく、おばあちゃんと自分とのかかわりを見つめ直してほしいのです。

子育てがスムーズにいかないといって自分を責めるかわりに、自分の生い立ちを振り返って、「母も私を愛していたのだけれど、それをうまく伝えられなかったんだ」と気づくと、少しは心が楽になって新しい人生に踏み出せるでしょうし、すると子どもとのかかわりも自然にいい方向に変わっていくはずです。

おばあちゃんを癒すお産

もっとも、おばあちゃんによっては、我が子に愛を伝えたいという気持ちがもともと希薄である場合もあります。そんなおばあちゃんのもとに生まれたお母さんは、とても強いたましいの持ち主で、かわいがられないという体験から何かを学ぶために、逆境を承知で生まれてきたのでしょう。それは、賭けに似た人生ですが、つらい状況を通して逆転ホームランのように飛躍的に成長する可能性があります。

ただし、私としては、せっかくお母さんが妊娠というチャンスに恵まれたのですから、批判がましいおばあちゃんにも孫が生まれるまでには愛情豊かなおばあちゃんに変身してもらって、お母さんにはスムーズなお産を迎えてもらいたいという思いがあります。そこで私は、おばあちゃんがクリニックまで来てくれる場合は、お母さんと一緒にお話しをするようにしているのです。

私がおばあちゃんに、

「娘さんは子ども時代つらかったとおっしゃっていますよ。あなたはきっと、手をかけて育てたと思っていらっしゃるでしょう」

と言うと、おばあちゃんは、

「実は、私自身もつらい子ども時代を過ごしたんです。親には『あんたなんて産まなければよかった』って言われていました。結婚生活も大変で、子育ても苦しくて……。でも、子どもにだけは、私みたいなつらい思いはさせないと思いながら、育ててきたつもりなのに」

と、堰を切ったように告白するのです。

また、おばあちゃんは、

「私がこの子を産んだときは、たった一人で、さみしくて不安でした」

と、自分のお産のトラウマを語り始めることもあります。現在のお母さんたちが生まれた頃は、ちょうどベビーブームだったので産科病棟はいつも慌ただしく、経過に少しでも問題があるとすぐ帝王切開になりましたし、順調な場合は、産婦は産後の処置だけされて放っておかれることが多かったのです。

当時の病院には、母子の心に配慮するという発想はほとんどありませんでしたし、時代の過渡期で核家族が増え、親きょうだいと遠く離れていたりした場合、おばあちゃんたちにとっては本当に不安なお産だっただろうと思います。

そこで、私はそういうおばあちゃんには娘さんの自然分娩に立ち会ってもらうようにしています。おばあちゃんは娘がいきむのを見て、まるで自分がお産をしたように追体験し、涙を流します。するとお母さんは、おばあちゃんの涙を見て感動し、「私もこうやって、こういう思いで産んでもらったのだ」と実感できるのです。

お産に立ち会ったあるおばあちゃんは、

「子育てはつらいだけだと思っていましたが、こんないいお産ができるんですね。なんだか私自身、娘を産み直したような気分です」

と語ってくれました。その後、お母さんから話を聞いたところ、おばあちゃんとお母さんの関係はぐんとよくなったそうです。

家族がお産に立ち会うといっても、まだお父さんやきょうだいだけというのが一般的ですが、おばあちゃんの立ち会いもその後の人生を変えるほどの力があるのです。

お産と子育てをきっかけに人生を変える

人間はずっと昔から、生きるとはどういうことかについて論じてきて、宗教や哲学でさまざまなことを語ってきました。しかし、それはともすると信仰や学問の世界に限定されてしまって、一般の人がそのエッセンスを日常生活に生かせることはあまりありません。

その点、妊娠からお産を経て続く子育ての日々は、人生の本質を見つめ直すには最もふさわしいチャンスです。妊娠中、お母さんは本能的におなかの赤ちゃんの情報をキャッチしようとするので感性が鋭くなっています。そのため、とても柔軟であり、大きな意識の成長を遂げるのにふさわしい時期なのです。

お産という出来事は、過去から続いてきた命を、さらに次の世代につないでいく営みです。そこでお産には、つらい過去を癒し、幸せだった日々をいっそう輝かせながら、お父さん、きょうだい、おじいちゃん、おばあちゃんを含めた未来の家族関係すべてをいい方向に変えていく力が備わっているのです。

しかも、子育てにはマニュアルは通用せず、私たちは一人ひとりに与えられた課題に自ら取り組まなくてはなりません。逃げ出すことはできず、自分自身で考え、しかも実際に行動に起こさなくてはならないのです。ときに試練もありますが、私たちはそのなかで責任をもって生きることを学んでいきます。

そう考えると、赤ちゃんは実にたくさんのプレゼントをもって私たちのもとにやって来てくれるのだということがわかります。

一般には、親の子どもに対する愛は無償の愛だといいますが、親を無償に愛してくれるのは、実は赤ちゃんなのです。

しかし考えてみれば、私たちも生まれたとき、お母さんを無償に愛していたはずです。大人になっていくプロセスで私たちはそれを忘れてしまいますが、赤ちゃんが私たちを深く愛してくれていることに気づきさえすれば、私たち自身も私たちのなかに眠っている無条件の愛を思い出すことができるでしょう。

人生に愛を再発見したとき、私たちの心には自然に大きな感謝の思いがわき上がります。「親になってはじめて知る、親のありがたさ」といいますが、これはまさに人類普遍の真実なのです。

今度のご自分の誕生日には、お母さんはぜひ、おばあちゃんに、

「私を産んでくれてありがとう」

と言ってあげてください。その一言で、おばあちゃんはどれほど幸せになることでしょうか。もし口に出して言うことができなければ、心のなかで念じてみてください。それだけでも必ず何かが変わります。

どんな過去があったとしても、どんな人でも、かつて自らの命を賭けて産んでくれた母親がいたからこそ、いまここにこうして生きているのです。そして、それを喜べるようになったとき、私たちは過去のトラウマから自由になり、自分なりの人生を描けるようになるのです。

第4章

命をありがとう

子どもはお母さんが大好き！

◆「ママが『いたい』って言ったから。かわいそうだったから、動かなかったの」
（四歳、男の子。「なぜおなかの中であまり動かなかったの？」と質問されて。お母さんは妊娠中に気分が優れず、激しい胎動があったとき「痛い！　あまり動かないで」と言ったことがあった）
（過去のアンケートの回答から）

子どもは親を無条件に愛していて、特にお母さんが大好きです。ごくまれなケースとして、お父さんは赤ちゃんの誕生を楽しみにしていたけれど、お母さんは中絶しようとしていた場合などは、お父さんにばかりなつく子どももいますが、ほとんどの場合、子どもは世界で一番お母さんが好きなのです。

乳児院を訪問すると、虐待を受けて保護されたばかりの子は表情がきつく、物を投げつけるなど、かなりすさんでいます。けれど、そんな状態の子どもでも、お母さんの悪口は絶対に言いません。

お母さんに対する深い愛情は心に深く根づいているので、子どもは思春期を過ぎても無意識のうちにお母さんの味方をしようとするものです。

よくあるのが、お母さんが子どもにお父さんの愚痴をこぼすと、子どもはお母さんの役に立ちたいばかりにお父さんを憎むというパターンです。

たとえば、ある女性は、お母さんから「お父さんはひどい人だ」という文句ばかり聞いて育ったため、思春期からお父さんとまったく口をきかなくなり、すぐに自立して家を出てしまいました。ところが、お母さんが亡くなってお葬式で久しぶりにお父さんに会ったところ、お父さんは棺にすがって号泣していたのです。

憎み合っていた夫婦のはずなのになぜ、といぶかしく思いながら、彼女は、

「もしかして、お父さんはお母さんを愛していたの」

と尋ねました。すると、お父さんは、

「あたりまえだろう。あんなにいい妻はいなかった」

と言って、お母さんのすばらしかったことや幸せな思い出についてとうとうと語り始めたのです。

それは、お母さんから聞いていたお父さん像とは、まるでかけ離れた姿でした。彼

女はショックを受けて、亡くなったお母さんに向かって、

「ひどいじゃないお母さん。お母さんからお父さんはひどい人だって聞いていたから、私はそれを信じてお父さんを憎んでいたのに。お父さんは、こんなにお母さんを愛していたんじゃない。私の青春を返して」

と叫び、激しく泣いたそうです。

お母さんはただ愚痴をこぼしていただけだったのに、子どもはそれを言葉通り受けとめ、実のお父さんを憎んでまで、お母さんを守ろうとしていたのでした。しかし、そんな子どもの心の内を、お母さんは最期まで気づくことがなかったのです。

流産もかけがえのないお産

赤ちゃんのお母さんに対する無償の愛に気づいたとき、私は妊娠して命を授かること自体が、赤ちゃんからお母さんへの大きなプレゼントなのではないかと思うようになりました。

お産の現場にかかわっていると、必ずしも健康な赤ちゃんが生まれるとはかぎらず、流産や死産というケースもありえます。もし、元気な赤ちゃんを無事に産むことだけを目標にするなら、そういうお産は失敗だということになります。

しかし、本当にそうでしょうか。

死ぬことは敗北なのでしょうか。

死を敗北と考えるなら、人間は必ずいずれ死ぬのですから、私たちはみんな敗北を運命づけられているということになります。けれど、もし死を通してしか学べない何かがあるとしたら、流産や死産でさえ、赤ちゃんからのすばらしいプレゼントになりうるのではないでしょうか。

考えてみれば、流産も、死産も、正常出産も、すべてお産であることに変わりはありません。もちろん、赤ちゃんが生きているか亡くなっているか、大きいか小さいかという違いはあります。けれど、陣痛があって、おしるしがあって、お母さんのおなかから赤ちゃんが出てくるというプロセスは、すべて共通しているのです。

赤ちゃんは一人ひとり、お母さんに無償の愛を伝えようとしています。そして、死を通してこそ伝えられるメッセージがある赤ちゃんは亡くなり、成長するプロセスで何かを教えなければならない赤ちゃんは無事に生まれて育つのです。

しかも、命あって生まれた赤ちゃんもそれぞれで、なかには障害のある赤ちゃんや慢性の病気をもった赤ちゃんもいますし、元気に育っても親より先に亡くなる子どももいます。

しかし、それらの人生のどれが「いい」というわけではありません。もし子どもがその生き方を通してでないとお母さんに伝えられないメッセージがあるとしたら、命の長短、あるいはその子が健康かどうかが、その子の人生の質を決めるわけではないのです。

そもそも、あちらの世界から見るなら、どれほど長寿の人生でもほんの一瞬の出来事であり、さして変わりはありません。命を宿したこと、そしてその子が生きていた時間があるというだけで、それはすばらしいことなのだと私は思います。

あの世に還《かえ》ろうとする赤ちゃんもいる

驚くべき話ですが、退行催眠では、おなかの中にいるときあの世に還ろうとしたことを思い出す人もいます。たとえば、へその緒を自分の首に巻いたり、へその緒を握ってその血流を自分でコントロールしたりしたというもので、実際、医学的にも、赤ちゃんにはそれができることが証明されています。

私はあるかたから、流産した赤ちゃんを意味するのでは、という胎内記憶について聞きました。それは、雲の上から仲良しの三人で降りてくるという記憶です。三人はしばらく一緒に降りてきて、ある地点で一人が、

「じゃあね」

と別の方向に進んでいき、もう一人がその後、

「疲れちゃったから帰る。でも、また後で、同じお母さんのところに行くんだ」

と言って、雲の上に戻っていくというものです。

その方は、

「いま思うと、その子は流産したのだと思います」

と語ってくれました。

その子がなぜ雲の上に帰っていったのかはわかりませんが、赤ちゃんによっては明

らかに下見旅行としての妊娠もあるようです。あるお母さんが流産して三カ月後、再び妊娠して生まれた男の子は、五歳のとき、

「前に来た赤ちゃんは、ぼくだったんだよ。あのときどうして帰っちゃったかっていうと、パパとママを選んだんだけど、本当にこのパパとママでいいか、確かめに来たんだ。それで、だいじょうぶだと思ったので、次は本当に来たんだよ」

と言い出したそうです。

また、赤ちゃんの観光旅行のような妊娠もあるようです。「生まれる前、世界中のパパとママを見ていて、日本のママとパパがいいから来たんだよ」と言った子どももいます。ですから、世界のなかでも日本という国や日本の文化を見学したいだけの子も、きっといるのだと思います。そういう子は、世の中を早く見たくておなかに宿ったとしても、実際に生まれる必要はないのかも知れません。何しろ観光旅行ですから、きっとお母さんのお腹の中に来ることができただけで、充分幸せなのだと思います。

亡くなった赤ちゃんがいつまでも自分のそばにいるように祈り、赤ちゃんのたましいを引き留めるお母さんもいますが、私としては、赤ちゃんのたましいは、なるべく早く雲のうえに還してあげたほうがいいのではないかと思います。その子は、また別

のお母さんを選ぶか、同じお母さんを選ぶか、いずれにしても一度雲の上に還らないと生まれ変われないのです。とはいえ、雲の上に還るように祈るのには、お母さん自身が納得しなければなりません。

ただ、詳細な胎内記憶のある一一歳の女の子は、

「雲の上から見ると、地上の人生は一瞬だから、どうしてもお母さんのそばにいたかったら、赤ちゃんのたましいはこの世に残っていてもいいんだよ。でも、それには一年おきに神さまの許可をもらいに行かなくてはならないんだ」

と話していました。

本当かどうかはともかく、この世とあの世の扉がふと開くような、不思議な話だと思います。

流産はお母さんのせいではありません

たいていの赤ちゃんは「無事に産んでほしい」という願いをもっていますから、私

たちは赤ちゃんを無事この世に迎えるために、精一杯の努力をしなければなりません。

しかし、なかには何らかの理由で、あの世に引き返すことによって人生の目的を果たそうとする赤ちゃんもいるのです。

胎内記憶からその理由を探ると、それは純粋に赤ちゃんの都合だったり、お母さんや周りの人たちのたましいを成長させるためだったりと、実にさまざまです。

なかには、人生はつらいと嘆いているお母さんを見て、自分が亡くなることでお母さんを助けようとする赤ちゃんもいるようです。そんなふうに、命を賭けてお母さんにメッセージを残すという大変な役回りを引き受ける赤ちゃんは、本当に強いたましいの持ち主だと思います。

いずれにせよ、はっきりしているのは、たとえ赤ちゃんがどんな理由であの世に引き返すにせよ、それは決してお母さんを傷つけるためではないということです。

赤ちゃんを亡くしたお母さんは、まず赤ちゃんの気持ちを感じとってほしいと思います。意識を研ぎ澄ましていると、

「お母さんのせいではないよ」

という赤ちゃんのメッセージに、必ず気づけるはずです。

流産すると、お母さんは、あれがいけなかったのでは、こうしたらよかったのではと、悩んでしまうものです。元気な赤ちゃんを抱いている人を町で見かければ、新たな悲しみがこみ上げるでしょうし、恨めしく思うことがあるかもしれません。

しかし、死産と同じように、流産もゼロにすることは絶対にできません。赤ちゃんが亡くなることを選択しているとき、流産はどんな手だてを尽くしても防ぐことはできないのです。

実は、妊娠初期の出血は珍しくなく、顕微鏡で見なければわからないほどの微量の血を含めるなら、実に九割のお母さんに出血が見られます。しかし、本当に危ない出血が始まってしまった場合は、たとえ絶対安静にしたところで、流産を完全にくい止めるのは不可能です。逆にいうなら、動き回っていても流産にならない人もいるわけで、必ずしも無理に安静にする必要はないこともあるのです。

もし赤ちゃん自身が運命を決めているとしたら、それを見守ってあげるだけでいいのではないか、と考えるようになってから、私は、最近ではおなかの赤ちゃんが亡くなってもすぐに手術はせず、お産と同じように自然の経過をみるようにしています。

もちろん手術を希望する人には手術も用意しますが、心の準備ができていない人に手術をすることは、場合によってはとても危険なことなのかもしれないのです。

流産もお産なので、おしるしがあって子宮の収縮、すなわち陣痛がきます。陣痛なので、痛みがきては止まり、痛みがきては止まりを繰り返し、そして赤ちゃんが外に出てきます。プロセスは、お産とまったく一緒なのです。

そう考えると、自宅で流産した、というのは自宅出産で、流産手術をした、というのは帝王切開に相当するのではないか、と考えられます。お母さんはたとえ流産でもお産を体験しているのです。

亡くなった赤ちゃんは、自分のお母さんのことを、流産というショックから何かを学びとることができるほど強い人だ、と信じています。そして、お母さんが「この流産で私の人生は変わりました」と思えるなら、赤ちゃんのメッセージは充分に伝わったことになるのです。

五歳の子どもを白血病で亡くしたお母さんは、退行催眠をしたとき、子どもに、

「お母さん、嘆き悲しまないで。ぼくの人生はぼくが決めて、それであちらの世界に還ることになっていたんだから。お母さんはお母さんの人生を生きてね」

と話しかけられる体験をしたといいます。

お母さんより先にあの世に還る赤ちゃんは、きっと同じことを言いたいはずだと私は思うのです。

赤ちゃんのメッセージを受け取る

せっかく宿した赤ちゃんを失うことほど、お母さんにとって悲しい出来事はありません。しかし、つらい思いを乗り越えた人ほど人間的に優しくなるというのは本当です。

逆境を経験したことのない人は苦労とは何かを知らず、苦しんでいる人を助けることができません。その点、母親として最大の悲しみを体験した人は、同じ境遇にある人の心の痛みを癒すことができるのです。

赤ちゃんの死を通して、お母さんが人の役に立てる器の大きな人間になってくれるなら、きっと赤ちゃんも喜んでくれるはずです。

悲しみが深ければ深いほど、赤ちゃんが命を賭けて伝えようとしていることを、どうか受け取っていただきたいと思います。

私は流産したお母さんに、

「もしお母さんが赤ちゃんのメッセージを受け取ってくれなかったら、赤ちゃんはおなかに宿ることができたという喜びはあるけれど、お母さんの役に立ったという喜びの半分は味わえません。赤ちゃんを一〇〇パーセント満足させるために、赤ちゃんが何を伝えたがっているのか感じてあげてくれませんか」

とお話しするようにしています。すると、たいていのお母さんは悲しみのなかにあっても、赤ちゃんのメッセージを感じとってくれます。それはたとえば、

「まだ子育ての準備ができていないよ」

「お母さん、忙しすぎるよ。もっと自分を大切にして」

「お父さんと仲良くね」

「上の子をちゃんと見てあげて。かわいがってあげて」

「命ってすばらしいんだよ」

「おじいちゃん、おばあちゃんとのかかわりを見つめ直してね」

といったものです。

また、妊娠をきっかけに結婚する決心がつき、お父さんの実家に挨拶に行った先で流産したあるお母さんから、

「流産とわかったとき、あちらのお母さんがすごく心配してくれて、結婚を決めてよかったと思いました。ためらっていた私の背中を押してくれたのは、この子です。役割を果たしたから帰っていったのでしょうが、来てくれたことに本当に感謝していま す」

という話を聞いたこともあります。

メッセージはそれぞれ違い、それはお母さん本人が感じとることであって、他人にはわかりませんが、いずれもお母さんを励ますポジティブなメッセージであることは確かです。

流産の悲しみは、たとえ次の子が無事に生まれたとしても、お母さんの心に影を落とす可能性があります。しかし、いかにつらくても、そのマイナスのイメージをトラウマとして残さないでほしい、と私は思います。

私が講演会で出会った年輩の女性は、

「私はいまの皇太子さまが生まれた日に流産しました。子どもの命日になると、毎年国を挙げてお祝いするので、私はずっとつらかった。けれど先生のお話を聞いて、ようやく胸のつかえが取れました」

と打ち明けてくれました。

ほとんどの産科医は、流産後の処置はしても、お母さんの気持ちまで配慮することはありません。しかし、本来それではいけないと私は思います。

お母さんが赤ちゃんのメッセージをすぐに受け取ることができるかはともかく、少なくともそのようなお話をすることでお母さんの気持ちは多少なりとも和らぐでしょうし、それは赤ちゃんの望みでもあるのです。

流産にも安産がある

流産に対する私のイメージを、がらりと変えたお母さんがいました。診察で、非常に初期の流産がわかったお母さんです。

赤ちゃんの心臓は止まっても、赤ちゃんの体が一週間から一カ月ほど、お母さんのおなかの中にとどまっている場合があります。そこで、普通は外に出す手術を勧めるのですが、私は流産もお産の一つだと考えるようになってから、前述したように、特に問題がある場合を除いて、赤ちゃんが自然に外に出るのを見守るようにしています。すると、赤ちゃんが出てくるまでの何週間かの間に、お母さんは心の準備をすることができます。それはお母さんの心身の回復を考えると、ショックがおさまらないうちに手術をするよりも、ずっと望ましいのです。

そのお母さんの場合も、自然の経過を待てる状態でした。そこで私は、

「流産も、ふつうのお産と同じなんですよ。家で流産したら自宅出産、病院で手術するなら帝王切開のようなものです。

自宅出産は不安だという人もいますが、あえて自宅で産んでもまず問題はありませんし、そのほうがよかったという方もいらっしゃいますよね。赤ちゃんが自然に外に出るのを待つのも、それと同じです。体調の変化があったらすぐご連絡をいただくというお約束でしばらく様子をみることもできますが、どうなさいますか」

とお尋ねしました。

するとお母さんは、

「それなら、手術はやめておこうかしら。でも、お産と同じだとしたら、やっぱり陣痛があるんですよね。痛いんでしょうか」

と言うので、

「そうですね、痛いかもしれませんね」

と答えたところ、

「痛いのはいやだわ」

と言いながら帰っていかれたのです。

ところが、その数日後、そのお母さんは再び診察に現れて、

「先生、私、安産でした」

と言うのです。私がびっくりしていると、お母さんは、

「赤ちゃんに『ママは痛いのがいやなの。痛くないように生まれてくれる?』って頼んだら、本当にスッと生まれてくれたんです。先生、この子、いい子です」

と言いました。

私はまさに、目が覚めるような思いがしました。そしてそのときはじめて、「いい流産」というものがあるのだ、と知ったのです。流産にも、安産があったのです。

お母さんは続けて、

「赤ちゃんは、ちょうどいいときに生まれてくれました。私も夫も時間の余裕があってゆっくり抱けるときに、生まれてくれたんです。二ミリくらいの、本当に小さな赤ちゃんで、とてもあたたかでした」

と教えてくれました。そして、

「赤ちゃんはきっと、『上の子をちゃんと見てね』って言いに来てくれたのだと思います」

とも言ったのです。

私はそのお母さんから、「流産する子も正常出産の子と同じように、お母さんにメッセージを告げようとしている」ということの本当の意味を、教えてもらったのだと思います。

そして私は、その確信をさらに深める話を、あるお母さんから聞きました。いいお産をしたお母さんは、「宇宙との一体感を感じました」と語ることがありますが、そのお母さんは流産で、同じような神秘体験をしたと言ったのです。

流産の診断がついてから二週間後、そのお母さんは自宅で、やはりもし時間が少しでもずれていたらゆっくり赤ちゃんと向き合えなかったという完璧なタイミングで、赤ちゃんを産みました。胎盤になる白い絨毛がついたきれいな袋の中に、一センチくらいのタツノオトシゴのような赤ちゃんが入っていたそうです。

お母さんは、赤ちゃんを手に抱いたまま、命の神秘に打たれ、宇宙に抱かれているのを感じて、感激の涙を流しました。それは悲しみではなく、喜びの涙だったのです。お母さんはときが経つのも忘れて、じっと見つめ続けました。そしてふと気づいたとき、お母さんは三〇分も赤ちゃんを手の中に抱いていたのだそうです。

命のすばらしさに気づく

流産の体験から命の尊さを学び、上の子とのかかわりが変わったり、家族の大切さにあらためて気づいたというお母さんはたくさんいます。

あるお母さんは、

「私は子どもの頃、親に認めてもらえず、つらい思いをしてきました。自分の子にはそんな思いをさせないと思いながらも、ふと気づくと親と同じ子育てをしていた自分がいたのです。けれど、下の子を流産したおかげで、上の子が生きてそばにいてくれることがなんてありがたいことかと思えるようになりました」

と語ってくれました。

そして、流産をきっかけに自分の生い立ちを思い出していたところ、おじいちゃんと話す機会があり、

「子どもたちはみんな、本当にかわいかった。特におまえは女の子だから、かわいくてたまらなかったよ。生まれてくれてありがとう」

と言われて、本当にびっくりしたのだそうです。そのお母さんは、子どもの頃「お兄ちゃんばかり大切にして、私のことはちっともかまってくれない」と思っていたのに、親の本音はまるで違ったのでした。

「父も成長したのでしょうね」

とお母さんが言ったので、私が、

「子育ては親を育てるためにあるんですよ。それがわかったら、あなたはご両親からはもう卒業ですね。今度はあなたがお子さんに同じことをする番です。

あなたは子どもの頃、愛されていないと思っていたようですが、もしかしたらいまのあなたのお子さんも、そう思っているかもしれない。だから、かかわりを見直したほうがいいかもしれませんね。流産した赤ちゃんは、きっとそれを教えてくれたのでしょうね」

と話すと、お母さんは深くうなずいてくれました。

流産で家族の大切さに気づいたというお母さんには、こんな方もいます。そのお母さんは、家族のハワイ旅行の一週間前に流産していることを知りました。お母さんが、

「子どもたちが旅行を楽しみにしているんです。手術したらハワイには行けませんが、どうしたらいいでしょうか」

とお尋ねになったので、私は、

「みんなが楽しみにしているなら、行かれたらいかがですか。ごくまれに、飛行機の中でお産してしまったという方もいるでしょう。そういう方でも、ほとんど安産なんです。流産もお産と同じですよ」

と答えました。

お母さんは旅行から帰ってきた後、

「思いきって行ってよかったです。赤ちゃんも一緒に、家族五人で旅行できました。上の子どもたちも、『赤ちゃんも来られてよかったね』と言ってくれたんです」

と、おなかの赤ちゃんも家族の一人として数えて、報告してくれました。

赤ちゃんは結局、帰国後数日経ってから、お母さんが子どもたちとデパートに行ったとき化粧室で流産になったそうです。子どもたちが、

「赤ちゃんがかわいそうだから、連れて帰ろうよ」

と言ったので、お母さんは赤ちゃんを大切に家まで連れ帰り、家族みんなで庭に埋めました。

そして家族で並んでお祈りしたとき、その後ろ姿を見て、お父さんは、

「この子は、子どもたちのやさしさと家族の大切さを教えに来てくれたんだ」

と思ったそうです。

ママ、また来るね

あるお母さんは、上の子が二歳のとき、二人めの赤ちゃんを流産しました。赤ちゃんがほしくてたまらなかったところようやく願いがかなった妊娠でしたが、わずか二ミリで赤ちゃんの心臓が止まってしまったのです。

お母さんは診察室で一時間号泣して、

「赤ちゃんができたのが嬉しくて、子どもに『お兄ちゃんになるよ』と言ってしまっていいるんです。子どもも楽しみにしているのに、なんて説明したらいいんでしょう」

と嘆きました。

私はしばらくかける言葉が見つかりませんでしたが、ただ、

「赤ちゃんは、雲の上に還っていったんだと思いますよ。もしかしたら、またお母さんを選んで戻ってきてくれるかもしれません」

とだけお話ししたのです。

お母さんは家に帰ると、楽しみに待っていたお兄ちゃんに、

「赤ちゃんね、ママのおなかに来てくれたんだけど、忘れ物をとりに雲の上に帰っちゃったんだ」

と話しました。

するとお兄ちゃんがおかあさんのおなかをじっと見て、

「まだいるよ」

と言ったのです。

確かに、赤ちゃんは心臓は止まっていたもののまだお母さんのおなかの中にいました。そこでお母さんがびっくりして、

「えっ、まだいるの？」

と聞くと、お兄ちゃんはじっとおなかをみつめながら、

「うん。まだいるけど、もうすぐかえっちゃうって」

と答えました。

「また来てねってお話ししてくれる？」

「いいよ」

そして、間をおいてお母さんはまた尋ねました。

「赤ちゃん、なんか言ってた？」

「ありがとうって」

「本当？　また来てくれるって？」

「うん。くるって」

「いつごろかなあ」

「うーん、あったかくなって、チューリップさいてー、またくるよ。赤ちゃん、おんなのこ」

手術をするため次に診察に来たとき、お母さんは微笑みを浮かべて、お兄ちゃんとの会話を教えてくれました。そして、

「驚きましたが、肩の力が抜けていくような、スーッとした穏やかな気持ちになりました」

と言ってくれたのです。

このお母さんは、お兄ちゃんが赤ちゃんの「ありがとう」という言葉を伝えてくれたとたん、お兄ちゃんを心から愛しく感じたといいます。そして、お兄ちゃんの一人の人間としての優しさに気づき、それまで叱ってばかりいたことを反省したのです。

その後、チューリップが咲く頃、お母さんは本当に妊娠したのですが、赤ちゃんの心臓はまた止まってしまいました。

その一週間後の真夜中、赤ちゃんは自宅で生まれました。そしてお母さんがお父さんと赤ちゃんを見つめていると、ふだんは夜中に目を覚ますことはないお兄ちゃんまで起きてきて、親子四人で静かに別れのときを過ごしたのだそうです。

お母さんは、

「流産の悲しみは変わらないけれど、赤ちゃんを抱けたことは嬉しいです。でも、もし私一人だったら、あんなふうに静かに別れのときを過ごせたかわかりません。この出来事のおかげで、私は家族の絆を学びました」

と語ってくれました。

どんなときも赤ちゃんに語りかけて

ところで、流産には人工流産、つまり中絶というケースもあります。中絶と流産を分けて考える方もおられるのですが、お母さんの心からみれば、私には流産も中絶も同じことのように思えます。

中絶をしたくて妊娠する人は、まずいないでしょう。中絶はしたくないけれども、何らかの理由で中絶を選ばざるを得ない人がほとんどではないでしょうか。

どう考えても産める状況にない場合もありますし、後から考えたら産めたかと思える場合もあるかもしれませんが、いずれにせよ、中絶は、お母さんに大きな葛藤を残すことになります。手術の前になぜ産めないのか、本当に産めないのかはきちんと考えてもらいたいですし、できれば産むという方向でいろいろ考えてほしいし、努力していただきたいと思います。

しかし、もし精一杯考えて結論を出し、赤ちゃんに思いを向けて、手術をしなければならない理由をきちんと赤ちゃんに語りかけることができるなら、中絶という選択もあるとは思うのです。

胎内記憶を調べると、赤ちゃんが最もつらいと思うのは自分を意識してくれないことのようです。ですから、もしお母さんが妊娠して困ったとか、大変なことになってしまったとか、自分の都合ばかり考えている場合は、赤ちゃんはきっと深く悲しむでしょう。ですから、たとえ中絶すると決めた場合でも、いえだからこそ、もっと赤ちゃんのことをみてあげていただきたいのです。

流産と同じように、中絶であちらの世界に還っていく赤ちゃんは、お母さんに伝えたいメッセージを運んできています。お母さんに成長してね、というメッセージが多いように感じていますが、赤ちゃんによって違いがあるようで、一概にこうとはいえません。しかし、その気になりさえすれば、メッセージを受け取れる人は大勢います。そしてそのメッセージは、すべて温かいものばかりなのです。

お別れの抱っこの大事さ

妊娠の早い段階で赤ちゃんとお別れするのはとても悲しいことですが、予定日を直前に控えてそれまで元気だった赤ちゃんを突然失うことは、お母さんにとって計りしれないほど大きな衝撃です。

先日、出産予定日直前での死産がありました。お母さんには妊娠中毒症があり、軽い血圧上昇が見られた三日後、ふいに赤ちゃんの心臓は止まってしまったのです。予想もつかなかった突然の死でした。しかしそれを告げたとき、お母さんが静かに、

「ああ、やっぱり」

と受け入れたことに、私は胸をうたれました。そしてお母さんは、

「赤ちゃんは、私にいろいろなことを気づかせるために来てくれたんだと思います」

と言葉を続けたのです。

とはいえ、お母さんはやはり深く悲しんでおられました。そこで私は、涙を流しているお母さんに付き添って総合病院に向かい、救急車の中で、

「赤ちゃんを抱っこしてあげられますか」

と尋ねたのです。するとお母さんが、

「抱っこしたいです」

と答えたので、私は当直の先生にお願いしました。すると、大きな病院にもかかわらずあっさりとそのように配慮してくれたのです。正直なところ、それは私にとって少し意外な出来事でした。

お母さんは後で、病院側の対応はとてもよかったと語ってくれました。おじいちゃ

ん、おばあちゃんも駆けつけて、亡くなった赤ちゃんの写真を撮ってくれ、お母さんは悲しみのなかにも、心穏やかに赤ちゃんにお別れを告げることができたのです。

思うところの多い死産でしたが、そのことがあった直後、ある方から電話がかかってきました。その方は一年前に同じ病院で帝王切開したのですが、赤ちゃんは死産で、お母さん自身も産後に大量出血し、大変な思いをしたのです。電話の内容は、当時の病院の対応への不満と、裁判を考えているという相談でした。

その方は死産に衝撃を受けているとき、担当医に、

「子宮が残ったから、まだいいじゃない。また産めば」

と言われて深く傷つき、ずっと葛藤を抱えていたというのです。

しばらくして私のクリニックにやって来たその方に、私は先日の死産の話をしました。そして、

「あなたがお産をなさった一年前には考えられませんでしたが、今回は亡くなった赤ちゃんをちゃんと抱っこさせてくれたそうですし、助産師さんたちの対応もとてもよかったようですよ。大きな病院ですから担当医は違う人でしょうが、一年前のあなたの出来事でスタッフの意識が変わったのかもしれません。

たしかに、あなたの担当医は無神経なことを言いましたが、赤ちゃんが亡くなって何も感じない医者は絶対にいないんです。その先生は、きっと経験が少なくて死産を受け入れることができず、あなたを励ますつもりで逆にあなたを傷つけてしまったのかもしれない。でも、あなたの死産からスタッフが学んだおかげで、先日の方は死産にもかかわらず、納得できるお産ができたのかもしれませんよ」

と語りました。

すると、その方の顔はパッと明るくなって、

「訴えるのはやめます」

と言って帰っていかれたのです。

医療には信頼関係が大切

この死産の事件をきっかけに、私はお産にもっと一生懸命向き合おうという心構えができました。

医学が進歩したといいますが、病名がついても治せない病気はまだたくさんあります。同じように、「医者がしっかりしていたら死産を防げたのに」と思う人もいますが、医者はすべての赤ちゃんを救えるわけではないのです。

産婦人科は訴訟が多いことでも知られていますが、医療訴訟が起きる一因は、医者とお母さんの信頼関係ができていないことにあるのだと思います。もし医者がベストを尽くし、それがお母さんにきちんと伝わっていたとしたら、たとえ赤ちゃんが死を迎えたとしても納得して見送ることができるのではないでしょうか。

医者が死を敗北と見なすあまり、

「医学的にはわかりませんが、亡くなりました」

とだけ説明してまったく共感しないというのは、お母さんを非常に傷つけますし、その防衛的な態度がお母さんに疑いを抱かせます。

それに対して、もし医者が赤ちゃんの死と真正面から向き合い、嘆き悲しむお母さんと心を通わせて、赤ちゃんが死を通して何を私たちに伝えたいのかを一緒に考えられるなら、ほとんどの訴訟は起きないのではないのではないかと私は思うのです。

医療訴訟は、お母さんに重い負担がかかります。苦労して和解に持ちこんでも戻ってくるのはお金だけで、亡くなった命は返ってきません。しかも、お母さんが裁判を起こすことによって「これからは誠意をもって診療に当たってほしい」と願っていたとしても、実際は訴訟を防ぐための防衛的なお産が増えるだけで、本当の解決にはほど遠いのです。

医療に笑いを取り入れ、無料診療所を立ち上げるなどの画期的な取り組みをおこなってきたパッチ・アダムスは、彼が設立した病院の中に、「どうぞ医者を訴えないでください」という張り紙を張っています。彼の病院は、訴訟社会のアメリカでは自殺行為に等しいことですが、患者に誠意を尽くしているあかしとして医療保険に入っていないのです。また、宮沢賢治は『雨ニモ負ケズ』の中で、「北ニ喧嘩ヤ訴訟ガアレバツマラナイカラ止メロト言イ」と、訴訟のむなしさを謳っています。どちらも訴訟状況がよくなることはないと考える点で一致しており、私も同感です。

医療訴訟は基本的には、保身的な医療をしろとのメッセージになってしまうだけで、医者を育てることにはつながりません。さらにアメリカでも我が国でも訴訟を嫌い、産科医がどんどん減ってきています。そんな現状がいいとは、とても思えません。

望ましいお産を実現していくには、ただ産科医の意識や行動を変えるだけでは不充分で、お産する一人ひとりのお母さん、そしてその周囲の方々の変化も必要です。たましいを見つめた医療をおこなうには、お母さんと医者がお互いに同じ価値観の信頼の絆で結ばれることが大切なのです。

みんな違ってみんないい

たましいという観点から見ると、私たちは人生の意味をもっと深く読みとれるようになります。命を生み出すお産の現場にいると、私は特にそのことを実感せずにはいられません。

命があってあたりまえということは絶対にないですし、たとえ無事にこの世に生まれてきても、なかには障害や難病をもっている赤ちゃんが必ずいます。

お産をするとき、私たちはよく「五体満足で生まれてくれればいい」と言いますが、本当に五体満足でなければならないのでしょうか。障害をもつことはいけないことなのでしょうか。

地球で生きている約六〇億の人々はみんなそれぞれ個性をもち、二つとして同じ家族はいません。そして、そのたった一つの組み合わせのご両親を選んで、やはり独特の個性をもった赤ちゃんがやって来るのです。

どんな子どももみんな必要な子どもなのですから、私たちはその子が何を伝えようとしているのかを学び、お互い足りないところを補いあって生きていくのが、本来の姿なのだと思います。

そもそも、たましいと肉体は、別の存在です。肉体はＤＮＡをもとに構成され、科学的に分析することもできますが、人間はそれだけでは生きていけません。たましいと体はいつもセットになっていて、たましいは人生の目的を果たすために最適な肉体を選んで、この世に生まれてくるのです。

私たちは、生まれてきた子どもの肉体だけでなく、たましいを見てあげることが大切です。

人の助けがないと成長できないような重度の障害がある体を選ぶたましいは、きっととても強いのだと思います。だとしたら、周りの人がすべきことは、その子を排除することではなく、その子の成長を助けることによって何かを学ぶことであるはずです。

障害があってもたましいのレベルが高く、人々を勇気づけ、生きることのすばらしさを教えてくれる子どもはたくさんいます。障害をもった子どものお母さんは、よく「この子に育てられました」とおっしゃいます。

ある三歳の子どもは生まれつきの病気があり、一年の半分を入院してしばしば痛い処置を受けなければなりませんでした。ところが、その子は嫌な処置が終わるとすぐ、涙目のまま満面の笑みを浮かべて、「ハッピー！」というのが口癖だったのです。

その明るさは、家族の心をずいぶん楽にしてくれたといいます。その子のおばあちゃんは、その子が「ハッピー！」と言うのを聞いて、お母さんに、

「私はすぐに心配してしまうのですが、あの子から、何でもハッピーと思いながら生きる大切さを学びました」

と語ったそうです。

私たち一人ひとりがそれぞれ個性をもち、それゆえのハンディもあるということは、大きい意味では障害がそうですが、たとえ五体満足に生まれたとしても、ハンディとまったく無縁という人はいません。

すべてが完璧であることが望ましいのではなく、私たちは何かしらテーマを設定することによって、人生から学ぼうとしているのです。

たとえば、対人関係がうまく結べない、容貌にコンプレックスがある、いじめに遭う、家庭環境に恵まれないといったさまざまな課題に、一人ひとりが取り組んでいるのです。難しいハードルを設定した人は、それだけ大きな試練を通して、飛躍的な成長を遂げる道を選んだということです。

発育曲線やＩＱは、集団でデータをとって平均値を決め、それと比べて大きすぎる、小さすぎる、知能が高い、低いなどと結論づけます。

しかし、それぞれの子どもは自分の目的に最もふさわしい姿で生まれてきているのだとすれば、他人と比較して一喜一憂することは無意味であり、むしろ違いがあることが大切で、それを認めあうべきだということになります。

人生は一つでくくれず、いろんなバリエーションがあって、一人ひとりが自分なりの答えを出していかなくてはなりません。しかも、答えはすぐには見つからないかもしれません。けれど、あれこれ考えながら少しずつ成長していくプロセスそのものに、人生の意味があるのだと私は思います。

生きる力を信じる

人生には、受験の失敗や夫婦げんかなど、さまざまな試練があります。しかし、山登りと同じように、それが難所であればあるほど乗り越えたときの爽快感は大きいものです。

それは、長い登山の間にはつまずくことも前方の急坂を見てため息をつくこともあるのに、ひとたび頂上に立つと最高の気分になり、また別の山に挑戦したくなるのと似ているかもしれません。

また、山登りといっても、ちょっとしたハイキングから本格的な高山登山までいろいろあるように、それぞれの人が自分にふさわしい山を登っています。そして、いたずらしたり、失敗したり、病気になったりして、私たちに「こちらの山を登るといいよ！」と教えてくれるのが、子どもたちなのです。

子育ては、本質的につらい作業です。大変な思いをして産み、手をかけて育て、そして巣立ちという別れが待っています。そう考えると、妊娠とはとても大変なことであり、妊娠を「おめでた」と呼んで祝うのは、これから試練を控えているからこそ、先に喜びを感じるような仕組みになっていると思わずにはいられません。

子育てはもともと思い通りになるはずがないもので、そこにこそ価値があるのだということを、私たちは知る必要があります。

つらさのなかに喜びをどう見いだしていくのかが私たちに与えられた課題であり、それに真正面から取り組むならどんなふうに乗り越えてもいいわけで、だからこそ子育てには正解がないのと同時に、失敗もないのです。

子育てのゴールは、子どもを自立させ、自分の人生をきちんと選べるようにすることであり、子どもの針路を親が決めてレール通りに走らせることではありません。

子どもにこうあってほしいと強く願うお母さんには、子どもによけいな苦労をさせたくないという思いがあるのかもしれません。しかし、お母さんが常に先回りして不自由させないようにするよりも、子ども自身がその不自由を乗り越えていく力をつけてあげることのほうが、大切ではないでしょうか。

私たちはもっと、自分の生きる力を信じていいと思います。しかし、お母さんがそれに気づけないまま、ただ自分の不安を子育てに投影するのは、子どもにとってみればいわば狩りの方法も教えてもらえないまま獲物をとってこいと命じられるようなもので、どう生きていいのかわからず途方に暮れてしまうだけでしょう。

私たちはみんな、産んでもらって、生まれてきて、命をつなぐだけの強さをもってきました。そして子ども自身も、同じ生きる強さをもっているのです。

お母さんが子どもの生きる力を信じるとき、子どもも自分の生きる力を信じることができるようになります。そして、責任をもって自分の人生を選び取っていけるようになるのです。

人生のたずなを握る

私がこのように考えるようになったり、胎内記憶を調査するきっかけになったのは、福島大学経済学部教授・飯田史彦先生の著書『生きがいの創造』（ＰＨＰ研究所）でした。ある人からいただいたその本を、あるとき何気なく手に取ったところ、そこには私が当時知りたかったことがたくさん書いてあったのです。

飯田先生の「生きがい論」によると、生きている人にはすべて目的があり、死ぬことにもまた意味があるといいます。そして、人生とは自分で計画した問題集であり、病気、離婚、死別などの試練も含めて、すべて生まれる前に自分自身で計画してきたというのです。

生きがい論の根底には、人間の本質は意識体（たましい）であり、私たちは輪廻転生を繰り返しながら学びを深めて、成長を遂げようとしているという思想があります。

これは一見突拍子もない考えかたのように感じられるかもしれませんが、実際、胎内記憶を知っていくと、輪廻転生という視点を考慮しないと理解できない内容も珍しくありません。

今回のアンケートでは、ある男の子が三歳くらいまで自分のことをまったく別の姓名で名乗り、誰かに名前を尋ねられると必ずそう答えるので、家族は戸惑っていたというエピソードも寄せられました。

その子のお母さんは、もしかしたらそれは前世の記憶かもしれないと考えているといいます。

他にも、私が集めたアンケートのなかには、輪廻転生を示唆するようなさまざまな

エピソードがありました。たとえば、

◆「(雲の上にいる前は) アメリカにおった。レンガの広い家やった。芝生があって、旗があった」(五歳、男の子)

という話をする子どももいました。

輪廻転生を認めると、子どもたちの不思議な話のつじつまが合います。お母さんと赤ちゃんは深い縁で結ばれたたましいであり、ともにこの世に何度も生まれ変わって、親子、夫婦、きょうだいといったふうにお互いの立場を変えながら、何らかの課題に取り組んでいるようなのです。

輪廻転生説の真偽を検証することは本書の目的ではありませんが、いっそ死んでしまいたいと思うような苦難があったときや、なぜ生まれてきたのか確信できないとき、そういった説の可能性を少し考えてみることで、私たちが勇気づけられることは確かです。

人生の試練は、誰のせいでもない、自分がたましいの成長のために設定したことであって、私たちは一人ひとりもともとそれに立ち向かうだけの器量を備えているのだと考えるなら、自分の不幸は他人のせいという発想から自由になって、私たちはもっと前向きに生きられるようになるのではないでしょうか。

自分は人生の目的を果たすために、最適の時代、文化、地域、両親を選んで生まれてきたのだと思えるようになれば、私たちは人生のたずなを自分で握ることができるのです。

私たちは日々選択している

生きがい論を説いている飯田史彦先生は、人生は網の目のように枝分かれがあると述べています。最初の分岐点は、どこに生まれるかを選ぶところから始まり、私たちは日々どちらの道に進むか選択を迫られます。

しかも、分岐点は進学先を選ぶとか、就職、結婚、出産といった、人生の大きな分かれ道だけではありません。日常生活で、買い物に出るときバスに乗るか、電車を選ぶか、車で行くかというのも一つの選択ですし、それによって未来は微妙に異なっていきます。つまり、いまという一分一秒に、枝分かれの人生が続いているのです。

分岐点に来たときは、過去の経験から考えてどちらがいいか、いまある自分を感じとって、選ぶことしかできません。そう考えると、私たちは「いまこの瞬間に生きていることの重み」を、きちんと感じられるのではないでしょうか。

とはいえ、私は、それぞれの人生のゴールは決まっていて、どの方向に進んでも正解なのではないかと思っています。

もちろん、選んだ道によって展開は変わるでしょう。こちらを選べば切り立った崖をロープで登らなければなりませんが、あちらに進めば急坂でも歩いて行けるかもしれません。道々の景色も、おそらく違うでしょう。

しかし、どの道を行くにしても、生まれる前に自分で決めた山を生涯かけて登りきることに、変わりはないのです。

後ろを振り返って「あの人と結婚すればよかった」とか「あの学校に行けばよかった」とこぼす人もいますが、たとえ別の道を選んでいたとしても、それはそれで成長を遂げるために違った大変さがあったはずです。それどころか、もっと大変な道だったかもしれません。

ですから、どんな人でもその時点で精一杯考えて選び取った自分の道に間違いはなく、人生に失敗はないのです。いまを生きているどんな人生も、みなすばらしいのです。

長い子育てには、後になって「ああすればよかった、こうすればよかった」という思いがこみ上げることもあるかもしれません。

けれど基本的には、たとえ憎まれ口を叩いていたとしても、生まれたいという思いをお母さんに叶えてもらったというだけで子どもは幸せなはずで、その気持ちを信頼してあげることが、子育ての重要なポイントです。そして大切なのは、お母さんも自分の子育てに自信をもつことなのです。

すべての人生には目的がある

◆「お母さんを選んだのは、さみしそうで、笑ってもらいたかったから」（六歳、男の

子）

（過去のアンケートの回答から）

さまざまな情報が飛び交うなかで、しばしば私たちはかえって進むべき道を見失い、途方に暮れてしまうこともあります。そんなとき、生きがい論は「人生で最も本質的なことは何か」に気づかせてくれるのではないでしょうか。

生きがい論をお産や子育てといったテーマに当てはめたとき、最も重要なのは、

「子ども（私たち）は親を選んで生まれてくる」

「子ども（私たち）には人生の目的がある」

という二つの視点です。

それに関して、私が連想するのは、メーテルリンクの童話『青い鳥』です。

『青い鳥』には、「子どもの国」という描写があります。そこでは、お母さんのおなかに入る順番を待っている子どもたちが、いずれ生まれたらいろいろなものを発明してみんなの役に立つという希望を胸に、計算したり器械をいじったりして研究している場面があるのです。

私が子どもの頃に『青い鳥』を読んだときは、特に印象に残らなかった場面なので

すが、胎内記憶を知ってから読み直すと、あらためてその深い意味に心を打たれます。

もしかしたら、メーテルリンク自身にも生まれる前の記憶があったのかもしれません。

すべての人生には目的があって、その具体的な内容はさまざまです。しかし、その本質をひとことで表すなら、ただ「人の役に立つことによって、たましいの成長を遂げること」ではないか、と私は思うのです。

実際に、胎内記憶を調べていくなかで、私は赤ちゃんが生まれてくる目的は大きく二つあると考えるようになりました。

1　親、特にお母さんを成長させる
2　自分の人生を追求するなかで、多くの人の役に立つ

人はどうやら、この二つの目的をもって生まれてきているようであり、しかもそれらを達成するには順序があるようなのです。

つまり、私たちはまず「親、特にお母さんを成長させる」というテーマに取り組み、その後「自分の人生を追求するなかで、多くの人の役に立つ」というステップに進む

というわけです。

子どもの愛を受けとめて

この世にやってきた赤ちゃんが人生でまず最初に望むことは、お母さんに幸せになってもらうことを通して、お母さんの役に立つということです。

赤ちゃんはお母さんを無条件に愛していて、お母さんにそれを感じとってほしいと思っています。「妊娠してよかった」「この子が生まれてよかった」と、お母さんに微笑んでもらいたいのです。

お母さんに幸せを運び、お母さんの役に立ったと実感できた子どもは、早い子で一一歳、遅い子で一六歳くらい、平均すると昔なら元服をしていた一四、一五歳あたりに、お母さんを助けるというテーマを卒業し、安心して次のステップに進むことができます。そしてそれが、自分の人生を豊かにしながら社会貢献していくというテーマなのです。

そう考えると、子育てには、

「親のたましいのレベルを上げること」

「子どものたましいのレベルを上げること」

の他に、社会変革という意味もあることがよくわかります。一つの家庭が円満になれば、そこで育つ子どもは人の役に立つ大人として成長するに違いありません。

しかし、人生の最初の段階で、お母さんにほほえんでもらいたいのに拒絶されてしまった子どもは、お母さんの役に立つという人生の目的を果たすことができず、何のために生まれてきたのかわからなくなってしまいます。

そして、その後もどこかでお母さんを求め続けて自立した人生を歩めなくなったり、純粋なたましいを見失って自分が嫌だと思っていたような大人になってしまったりするのです。

子どもがスムーズに成長のステップを進めるようにするには、お母さんは子どもの愛を受けとめて、子どもが生まれてくれたことの喜びをきちんと表現する必要があります。

親はしばしば「こんなにかわいがっているのだから、子どもは愛されているってわかっているはずだ」と思い込んでいますが、あえて言葉にしなければ伝わらないこともたくさんあるのです。

子どもには、

「あなたが大好き」

「生まれてきてくれてありがとう」

の二つは、いつも言い続けることが大切で、特に一歳半くらいまでは、無条件に「あなたがいて嬉しい」という気持ちを表現してほしいと思います。

いたずらをしたときも、「あなたのことは好きだけど、○○はいけないよ」と諭すことが大切で、「これはだめ!」とか、「なんて悪い子なの!」と頭ごなしに叱るなら、子どもは自分が全否定されているように感じてしまいます。

頭に血が上っているとき、子どもに「あなたが大好きよ」と伝えることは難しいものですが、感情的になればなるほど子どもは不安にかられて、お母さんの愛情を確かめるため、わざと困らせることをし続けるという悪循環にはまってしまうものです。

子育ては、一瞬一瞬が勝負です。そのため、もし愛情を伝えるべきときにきちんと伝えることができないまま子どもが思春期に入り、赤ちゃんの尻尾を切り落としてしまうと、母子の絆を回復するには相当な努力が必要になります。

もちろん、人生に失敗はなく、それはそれでたましいの成長のために必要な試練なのですが、切り立った崖を登るに等しいコースであることは確かです。

子どもたちが思い出させてくれること

子どもは、宇宙とつながり、神さまとつながっていて、ある意味で天使です。実際、赤ちゃんがお父さんとお母さんを選び、引き合わせて結婚まで導くこともあるようで、そんなカップルにとって赤ちゃんはまさに愛のキューピッドです。

しかしそうでない場合も、子どもたちは私たち大人が忘れかけていることを思い出させてくれる天使であることに違いはありません。

生まれる前、私たちは純粋な光の存在でしたが、肉体をまとった瞬間からたましいはその自由を失い、本来の姿を忘れて垢をためこんでしまいます。そして子育てとは、そんないままでの人生の垢を落として、輝く光に戻っていく作業ではないかと私は思うのです。

子育ては大変であるからこそ、私たちのたましいを大きく成長させてくれます。

多くの人は、親が子どもをしつけているのだと考えていますが、実際は子どもが親をしつけてくれるという面はたくさんあります。

たとえば、子どもたちは夫婦げんかをすると情緒不安定になったり、間違った接し方をしていると「おなかが痛い」と言い出したりして、「お母さん、生き方が違うよ」と教えてくれます。

子育ては、何の問題もなく子どもを成人させることがテーマなのではありません。むしろ、課題をいただくことが子育ての醍醐味であり、その課題に自分なりの答えを出しながら、私たち自身が成長していくことに意味があるのです。

もちろん、子どもがいなくても日々の生活や仕事を通して成長できる強いたましいを持った人もいますが、多くの人の場合は子どもの助けを借りる必要があり、そのために子どもたちは私たちを選んでやって来てくれるのです。

子どもとのかかわりかた一つで、人生を劇的に変えられる可能性があるのですから、妊娠とは宝くじを買うようなものです。もちろん、「産まなければよかった」「子育てなんて大変なだけ」とグチをこぼし、せっかくのチャンスを無にすることもできます。しかし、宝くじは買うだけでわくわくしますが、どうせなら当たったほうが嬉しいものです。しかも宝くじと違って、子育ては自分の心構えしだいで確実に大当たりにできるのです。

赤ちゃんからのプレゼント

子どものいる暮らしは、とても大変です。二四時間すべてを子どもの都合に合わせて過ごすのは、お母さん一人で他に支援の手もなければ、ときに息が詰まるような思いをしたとしても不思議ではありません。お母さんによっては、子育てに専念する日々に、一人取り残されたような焦りを感じる方もいるでしょう。

けれど、子育ては本当につらいばかりのことでしょうか。

子育てが大変という人は、不妊症の人からすれば、まるで贅沢な悩みに思えるかもしれません。子どもを亡くすという経験をした人は、愛する人がこの世にいるというただそれだけのことが、いかに喜ばしいことかを知っています。

ぜひ、いまあなたが、すでにどれだけすばらしい恵みを与えられているのかを感じてみていただけたらと思います。

赤ちゃんは、

「ママ、生きているって、それだけですばらしいんだよ！」

と伝えたくて、はるばるやって来てくれたのです。

お母さんが赤ちゃんのメッセージを受け取ってくれないばかりか、子育てに追われてぎすぎすした気持ちになっていたら、赤ちゃんはどんなに悲しむことでしょう。

メーテルリンクの童話『青い鳥』では、主人公のチルチルとミチルは、幸せの青い鳥を探して旅に出ますが、「思い出の国」「夜の宮殿」「未来の王国」などほうぼう探しまわっても、どこにも青い鳥は見つかりません。そしてようやく家に帰ってきたとき、青い鳥はどこか遠くの国にいたのではなく、家で飼っていたキジバトだったことがわかるのです。

この物語のすばらしいところは、冒険から帰ったチルチルとミチルが翌朝目覚めると、昨日までと何一つ変わっていないのに、家の中のすべてが光り輝いて見えたと感じるところです。チルチルとミチルは、幸せとは、ただそれに気づく心のありかたなのだということを学んだのでした。

私たちみんながあたりまえのように享受しているかけがえのないもの、それが命です。そして赤ちゃんは、私たちがあまりにあたりまえと見なしている、生きていることそのものの幸せを気づかせるため、この世にやって来ます。

お子さんを抱いて、そのぬくもりを感じてください。あなたを通して未来に続いていく命の不思議を味わいましょう。

そしてあなた自身もそのまたお母さんに産んでもらい、命をつないできたということの恵みと神秘を感じてみてください。すると、ちょうどチルチルとミチルのように、すべてが光り輝いていることに気づくでしょう。

それは、赤ちゃんがあちらの世界からもってきてくれた、すばらしいプレゼントの一つなのです。

おわりに

胎内記憶や誕生記憶の草分け的な存在である『胎児は見ている』祥伝社（一九八七年）、『暴力なき出産』星雲社（一九九一年）、『誕生を記憶する子どもたち』春秋社（一九九一年）などの本には、胎児や新生児には意識や意思があることが書かれています。とはいえ、著者の一人チェンバレン博士は「いろいろな証拠があるにもかかわらず、多くの科学者は認めようとしない」と語り、現代になかなか通用しないことを嘆いています。

いま、日本に限らず、世界中で子どもたちがおかしな行動をとる、暴力的になる、などの問題点が指摘されています。アメリカでは現在、子どもたちの暴力による経済的な損失がかなり多額であるため、その損失を防ぐための研究が行われています。その結果、胎児期から出産後のかなり早い時期の子どもと親のかかわりの重要性が指摘されてきています。すなわち「胎教」の重要性が再認識され、妊娠中からどのように胎児に接するか真面目に研究されています。

本書では「胎内記憶」「誕生記憶」にとどまらず、「中間生記憶」や「前世記憶」に触れています。これらの記憶は、退行催眠（ヒプノセラピー）などの手技によらず、自然の状態で何らかのきっかけで思い出した記憶です。そのことに大いに意味があると思います。誰でもきっかけがあれば思い出せるかもしれないのです。現に大人でも１％の人が記憶を持っています。そのような記憶を、より豊かな人生を送るために使うことは、決して悪いことではないと思うのです。

「自分が親を選んで生まれてきた」「自分で生まれることを選んで生まれてきた」というような記憶が本当に正しいことなのかどうか、たぶん結論は出ません。しかし、この不思議な記憶の素晴らしいところは、それがあることを知るだけで親子が幸せになれる大きなチャンス、自分の人生を肯定するチャンスが誰でも目の前にある、ということなのです。しかも、お金はかかりません。単にイメージするかしないか、それだけなのです。

子どもたちが私たちにくれた「記憶」というプレゼント。大いに楽しもうではありませんか。

二〇〇六年二月

池川　明

●著者紹介
池川　明（いけがわ　あきら）
1954年東京都生まれ。帝京大学医学部大学院卒。医学博士。上尾中央総合病院産婦人科部長を経て、1989年に池川クリニックを開設。胎内記憶・誕生記憶について研究をすすめる産婦人科医として、マスコミでも取り上げられることが多く、講演などにも活躍中。
お産・子育てをとおして幸せな人生を生きることへのサポートをライフワークとしており、生まれてくるときの赤ちゃんとお母さんの表情を大事にしたお産を心がける医師として、診療に忙しい日々を送る。
著書に『おぼえているよ。ママのおなかにいたときのこと』『ママのおなかをえらんできたよ。』（ともにリヨン社）、『おなかの中から始める子育て』（サンマーク出版）などがある。

●執筆協力
矢鋪紀子（やしきのりこ）
ライター、翻訳家。1971年生まれ。慶應義塾大学卒。心と体の癒しをテーマとする。編集に『イーグルに訊け』、訳書に『女神のこころ』『感謝するということ』他多数。

赤ちゃんと話そう！ 生まれる前からの子育て
胎内記憶からわかった子育ての大切なこと

2006年3月25日　初版発行
2008年5月27日　七刷発行

著者　池川　明

発行者　光行淳子
発行所　学陽書房
〒102-0072　千代田区飯田橋1－9－3
営業　TEL 03-3261-1111 FAX 03-5211-3300
編集　TEL 03-3261-1112
振替　00170-4-84240
装丁　こやまたかこ
イラスト　かまたいくよ
本文デザイン・DTP制作　佐藤　博
印刷・文唱堂印刷　製本・東京美術紙工

ISBN978-4-313-66032-8 C0037
乱丁・落丁は送料小社負担にてお取替えいたします。
定価はカバーに表示してあります。